Martin Patzek/Elisabeth Prégardier

Vor-Bilder für heute
Teil 4

Bischof Dr. Franz Hengsbach
gewidmet

Zum 25jährigen Bestehen
der Bischöflichen Aktion ADVENIAT

Martin Patzek/Elisabeth Prégardier

Vor-Bilder für heute

Teil 4

Lateinamerika

Gottesdienste – Band 7

VERLAG BONIFATIUS-DRUCKEREI PADERBORN

Imprimatur. Paderbornae, d. 8. m. Augustii 1985
Nr. 1/A 58-22.3/5 – Vicarius Generalis Bruno Kresing

CIP-Kurztitelaufnahme der Deutschen Bibliothek

Patzek, Martin:
Gottesdienste / Martin Patzek, Elisabeth Prégardier. –
Paderborn: Verlag Bonifatius-Druckerei
Bd. 4-6 verf. von Martin Patzek u. Emil Spath
Früher u. d. T.: Patzek, Martin: Gottesdienste – nicht nur für junge Leute
NE: Prégardier, Elisabeth; Spath, Emil:
Bd. 7. Patzek, Martin: Vor-Bilder für heute. –
Teil 4. Lateinamerika. – 1985

Patzek, Martin:
Vor-Bilder für heute / Martin Patzek; Elisabeth Prégardier. – Paderborn:
Verlag Bonifatius-Druckerei
Bis Teil 3 verf. von Martin Patzek u. Emil Spath
NE: Prégardier, Elisabeth; Spath, Emil:
Teil 4. Lateinamerika / [Mitarb.: Gerhard M. Bauer . . .]. – 1985
(Gottesdienste / Martin Patzek; Elisabeth Prégardier; Bd. 7)
ISBN 3-87088-461-4

ISBN 3 87088 461 4

Mitarbeit: Gerhard M. Bauer, Hubert Frank, Alois Hartmann, Helena Otremba

---

Gesamtherstellung: Bonifatius-Druckerei Paderborn

Inhalt

Zum Geleit

Keiner konnte ahnen, daß aus dem Antrag, den Bischof Dr. Franz Hengsbach am 30. August 1961 der Fuldaer Bischofskonferenz vortrug, ein Werk entstehen würde, das die Geschichte der Kirche im lateinamerikanischen Kontinent seit nunmehr einem Vierteljahrhundert begleiten sollte.
Aus dem Antrag, am Weihnachtsfest 1961 eine Kollekte zugunsten der Kirche in Lateinamerika zu halten, entstand die Bischöfliche Aktion ADVENIAT, die am 1. Adventssonntag 1985 zur 25. Kollekte in den katholischen Gemeinden der Bundesrepublik aufruft.
Diese Aufrufe sind von den Gemeinden stets bereitwillig aufgenommen und großherzig beantwortet worden. Durch ADVENIAT haben die deutschen Katholiken den Brüdern und Schwestern in Lateinamerika Weggeleit gegeben, die beim Aufbruch aus den Impulsen des 2. Vatikanischen Konzils in eine Zukunft voll Hoffnung auf Frieden und Gerechtigkeit schreiten möchten. Sie nehmen teil an der Freude eines neuen Bewußtseins kirchlicher Gemeinschaft und der Entdeckung der vielfältigen Formen in der Verkündigung des Evangeliums an allen Orten in dem ausgedehnten Kontinent.
Auf diesem Wege werden sie aber auch mit hineingenommen in die Beängstigungen durch machtpolitische Auseinandersetzungen, in die Unterdrückung durch die zerstörerischen Auswirkungen der ungerechten sozialen Strukturen. Gewisse politische Systeme haben in den eigenen Ländern den Bruder auf den Bruder gehetzt. Viele Christen sind wegen ihres Eintretens entführt, eingekerkert, gefoltert und ermordet worden. Die Gewalt machte nicht halt vor Bischöfen, Priestern, Ordensleuten, Campesinos, Studenten, Menschen aller Schichten. Ja, selbst Kinder sind in diese grausame Wirklichkeit mit einbezogen.
Mit dem festen Blick auf eine Zukunft, die von der „Zivilisation der Liebe" (Papst Paul VI.) geprägt sein soll, bereiten sich alle Diözesen und kirchlichen Gemeinschaften auf ein großes geschichtliches Datum vor: 12. Oktober 1992, 500 Jahre Evangelisierung Lateinamerikas.
Papst Johannes Paul II. selbst hat die Jahres-Novene der

lateinamerikanischen Kirche am 12. Oktober 1984 in Santo Domingo eröffnet und zu einer intensiven geistlichen Erneuerung aufgerufen. Sie soll ihre Kraft aus dem Evangelium schöpfen und auf die Vorbilder in der Geschichte schauen, die mit ihrem Leben gezeigt haben, daß sich der Einsatz für Christus und für die von ihm durch die Erlösung befreiten Menschen lohnt.
Die vorliegende Publikation macht nun mit zehn Persönlichkeiten und Heiligen bekannt, die das Leben der Menschen in Lateinamerika beeinflußt haben, vom Zeugnis des Indianers Juan Diego am 12. Dezember 1531 bis hin zum Zeugnis von Maria del Rosario Godoy, die am Gründonnerstag dieses Jahres „das Leben für ihre Freunde" hingegeben hat.
In den Gottesdienstvorschlägen und den praktischen Hinweisen entsteht ein weitgezeichnetes Bild dieser Menschen, vom Wirken in ihrer Zeit und von den Wirkungen in unsere Zeit hinein. Gleichzeitig wird die Situation des Landes geschildert, in dem sie gelebt haben.
Von Herzen danke ich den beiden Autoren und wünsche, daß dieses Buch in unseren Gemeinden freundliche Aufnahme finden möge durch den Gebrauch bei Gottesdiensten und Veranstaltungen. Es helfe den Blick zu weiten für die große Gemeinschaft aller Menschen in der Weltkirche. Alle Gruppen in der Bundesrepublik, deren Arbeit die Solidarität mit den Bedrängten in Lateinamerika zum Ziel hat, werden sicherlich aus den „Vor-Bildern" weitere Impulse für ihr Engagement erfahren.

30. August 1985
Festtag der hl. Rosa von Lima*
Patronin von Lateinamerika

Emil L. Stehle
Weihbischof von Quito
Geschäftsführer der
Bischöfl. Aktion ADVENIAT

* (nach der Neuordnung des liturgischen Kalenders im Jahr 1969 wurde der Festtag der hl. Rosa auf den 23. August verlegt)

Quelle: The Times Atlas, The World, London 1967

„Die Heiligen veralten nicht,
sie werden niemals Opfer der ‚Verjährung'.
Die Heiligen sind bleibendes Zeugnis
vom Jungsein der Kirche.
Sie werden niemals zu
überholten Gestalten der Vergangenheit,
zu ‚gestrigen' Männern und Frauen. Im Gegenteil:
Sie sind immer die Männer und Frauen des ‚Morgen',
die Vorbilder der vom Evangelium geprägten Zukunft
des Menschen und der Kirche,
die Zeugen der ‚zukünftigen Welt'."

(Johannes Paul II. am 2. Juni 1980 in Lisieux)

Vor-Wort

„Es ist gefährlich, in unserer Welt Christ zu sein!" Dieses Wort verdeutlichen uns oft unbekannte Vor-Bilder aus jungen Kirchen. Wer sich mit Vor-Bildern aus Lateinamerika beschäftigt und ihnen näherkommt, verspürt ihre leidenschaftliche Liebe zu Christus und seiner Kirche sowie eine bei den Menschen ansteckend wirkende Freude. Er begegnet Personen, die tiefe Spuren im Leben ihres Volkes hinterlassen haben und oft ein gelebter Protest gegen Ungerechtigkeit und Ausbeutung sind. Geschichte der Religiosität wird auch heute noch durch heroische, missionarische und tapfere Menschen geschrieben. Daher beschränkt sich die Verbindung der Christen unseres Landes mit den Kirchen Lateinamerikas nicht auf eine einseitige finanzielle Hilfe. Vielmehr möchten wir als Gläubige voneinander lernen und uns gegenseitig bereichern.

Im Puebla-Dokument der lateinamerikanischen Bischöfe heißt es: Die Schar der Bischöfe, Ordensleute und Laien zeigt, „daß das Evangelium in seiner Fülle der Gnade und Liebe in Lateinamerika gelebt wurde und noch heute gelebt werden kann als Zeichen geistlicher Größe und göttlicher Wahrheit" (7).
In dem Buch Vor-Bilder 3 wurde schon ein Priester vorgestellt, dessen Einsatz und Schicksal zu den Wegmarkierungen der lateinamerikanischen Geschichte gehört: Héctor Gallego, Priester aus Kolumbien, der als Missionar im benachbarten Panama 1971 entführt und mit großer Wahrscheinlichkeit umgebracht worden ist.
In den fünf Jahrhunderten der Geschichte der Evangelisierung hat auch die Kirche in Lateinamerika „eine Wolke der Zeugen" hervorgebracht, die bei uns – ausgenommen vielleicht Rosa von Lima und Pedro Claver – kaum bekannt sind. Vor-Bilder 4 stellt nun zehn Persönlichkeiten aus Lateinamerika vor, die über ihre Zeit und ihr Land hinaus die Arbeit der Kirche im Kontinent geprägt haben.
Die Beschreibung der Geschichte Lateinamerikas in den letzten fünf Jahrhunderten wird von Revolutionen und Umstürzen, von Unterdrückungen, Ausbeutungen und Verfolgungen berichten. Sie muß aber auch davon erzählen, daß Gott zu allen Zeiten und

in allen Ländern den Gang der Geschichte mitgestaltete und lenkte durch Menschen, die ihm auserwählte Werkzeuge waren und die er mit einer außerordentlichen Sendung betraute.
Noch bevor Europa von der Existenz des neuen Kontinents erfährt, bereitet Gott den Indianer Juan Diego auf den Tag vor, an dem er durch Maria getröstet wird: „Hab keine Angst, ich bin ja bei dir". Dieses Wort steht am Anfang der Evangelisierung des Kontinents und begleitet die Menschen bis in unsere Tage hinein. Die Kraft des Zeugnisses dieses schlichten Indios hat Tausende von Mexikanern in den Zeiten der schlimmsten Verfolgung gestärkt.
Im 16. Jahrhundert geboren sind fünf der nachfolgend beschriebenen Vorbilder. Bischof Toribio in den Andenländern und der Jesuit José Anchieta in Brasilien sind die unermüdlichen und genialen Missionare, die die Menschenwürde der Indianer sehr ernst nehmen und durch Predigt, Katechese, Schaffung von Grammatiken, Durchführung von Pastoraltreffen zur Strukturierung und Belebung der jungen Kirche beitragen. Pedro Claver, ebenfalls Jesuit, setzt mit seinem Leben für die Sklaven aus Afrika ein Zeichen, das die Sklaverei von innen heraus zu überwinden beginnt und letztlich zu deren Abschaffung beiträgt. In der buchstäblichen Nachfolge des kreuztragenden und gekreuzigten Christus leben die Mystikerin Rosa von Lima und Felipe de Jesús, der als mexikanischer Franziskaner auf den Höhen von Nagasaki in Japan am Kreuz stirbt.
Aus dem 18. Jahrhundert stammt der Schulbruder Miguel Febres Cordero, den Papst Paul VI. zum Abschluß der römischen Bischofssynode über die Katechese seligspricht und ihn als Vorbild der christlichen Erzieher und Lehrer bezeichnet.
Der soziale Aufbruch der Kirche in Chile ist stark geprägt durch das Denken und Wirken von P. Alberto Hurtado SJ, der durch sein Vorausdenken und seine Arbeit die Aussagen der lateinamerikanischen Bischöfe 1968 in Medellín und 1979 in Puebla vorweggenommen und mitbeeinflußt hat.
Die Märtyrer unserer Tage, Bischof Romero und die Soziologin Maria del Rosario Godoy de Cuevas, die im Einsatz für Menschenwürde und Menschenrecht durch Mörderhand sterben mußten, stehen für viele Blutzeugen in fast allen Ländern Lateinamerikas, die in den beiden letzten Jahrzehnten entführt, gequält, gefoltert und schließlich getötet worden sind.

In den Vorschlägen für die Gottesdienste und in den praktischen Hinweisen haben wir versucht, aus den Texten der Heiligen Schrift, der Liturgie der Kirche, den Dokumenten von Medellîn und Puebla, den Predigten des Papstes in Lateinamerika und den Materialien, die von den Hilfswerken herausgebracht worden sind, Anregungen zu geben. Wir sehen dies in dem Sinne, wie es die Bischöfe 1979 in Puebla nicht nur für die Christen in Lateinamerika, sondern auch für uns formuliert haben:
„Dies wird für uns, Christen von heute, zum Anreiz, es den Besten unserer Geschichte gleichzutun und uns in schöpferischer Treue den Herausforderungen der lateinamerikanischen Gegenwart zu stellen". (10)

Essen, den 23. August 1985
Festtag der hl. Rosa von Lima

Martin Patzek   Elisabeth Prégardier

Zu den Gottesdiensten

A. Hinweise

1. Gottesdienste (mit Jugendlichen) sind einmal die sonntägliche Eucharistiefeier – immer wieder (von ihnen) vorbereitet und gestaltet – mit der Gesamtgemeinde gefeiert; zum anderen eigene Wortgottesdienste und besonders gestaltete (Jugend)-Messen. Letztere haben werktags – regelmäßig – ihren Platz wie auch bei (Jugend)-Veranstaltungen, Wochenenden und Freizeiten.

2. Die hier angebotenen Gottesdienstvorlagen können besonders an den Wochentagen im Jahreskreis oder bei echter Notwendigkeit oder besonderer pastoraler Situation verwendet werden. (Vergleiche die „Allgemeine Einführung in das Meßbuch Artikel 314-316 und 326-334.)

3. Alle Texte sind sowohl für Meßfeiern wie auch für Wortgottesdienste verwendbar. Sie bieten immer wieder Alternativen als Anregung, auszuwählen und die Situationen der Gemeinde und die eigenen Möglichkeiten zu berücksichtigen.

4. Grundlagen bei den Vorschlägen sind die Möglichkeiten, die das „Meßbuch" und das „Gotteslob" anbieten. Für die weiteren Texte standen als Quellen zur Verfügung das Dokument der Lateinamerikanischen Bischofskonferenz in Puebla 1979 und der Ansprachen des Hl. Vaters Papst Johannes Paul II. während seiner Pastoralreisen in die verschiedenen Länder des Kontinentes, ebenso weitere meditative Texte aus anderen Publikationen.

5. Da die meisten der zehn Vor-Bilder aus Lateinamerika bei uns weniger bekannt sind, empfiehlt es sich, auch die Literatur mit den ausführlicheren Lebensbeschreibungen heranzuziehen.

6. Ein praktischer Hinweis weist auf Möglichkeiten mit audiovisuellen Hilfsmitteln (Kurzfilm, Tonbild, Lichtbild, Schallplatte, Cassette, Tonband, Folienprogramm, Poster) vor, während und nach dem Gottesdienst hin. Audiovisuelle Mittel eignen sich besonders für Wortgottesdienste; sie können die Hörbarkeit und Sichtbarkeit des Wortes Gottes vertiefen. Besser wenig und behutsam, aber technisch perfekt, als alles und damit nichtssagend! – Bei den Materialhinweisen wurden besonders die Angebote der Hilfswerke berücksichtigt.

B. Schema der Gottesdienst-Vorlagen

Thema – Konkreter Untertitel – Anliegen
Persönliches Grußwort und liturgische Begrüßung
Einführung
Lied zum Beginn (aus Gotteslob [GL])
Schuldbekenntnis
(Gloria)
Tagesgebet (Meßbuch)
Einführung zur Lesung
Lesung
Zwischengesang (Antwortpsalm)
Einführung zum Evangelium
Evangelium
Predigtstichworte
(Glaubensbekenntnis)
Fürbitten

Eucharistiefeier
Gabenbereitung
Gabengebet (Meßbuch)
Präfation
Sanctus
Vater unser
Friedensgruß
Zur Kommunion
Nach der Kommunion
Lied zur Danksagung
Schlußgebet (Meßbuch)
Segen und Entlassung

Wortgottesdienst
Vater unser
Friedensgruß
Lied
Schlußgebet
Segen

Praktischer Hinweis
Literatur
Kurzfilm
Tonbild
Lichtbild
Schallplatte, Tonband, Cassette
Folienprogramm (zur Missio-Leuchtbox)
Poster

C. Zitierte Dokumente in den Gottesdienst-Vorlagen

1 Verlautbarungen des Apostolischen Stuhls 2
Apostolisches Schreiben „Evangelii nuntiandi" Seiner Heiligkeit Papst Pauls VI. an den Episkopat, den Klerus und alle Gläubigen der Katholischen Kirche über die Evangelisierung in der Welt von heute
8. Dezember 1975
Herausgeber: Sekretariat der Deutschen Bischofskonferenz

2 Verlautbarungen des Apostolischen Stuhls 5
Predigten und Ansprachen von Papst Johannes Paul II. bei seiner Reise in die Dominikanische Republik und nach Mexiko
26. 1.-4. 2. 1979

3 Verlautbarungen des Apostolischen Stuhls 22
Predigten und Ansprachen von Papst Johannes Paul II. bei seiner apostolischen Reise nach Brasilien
30. 6.-11. 7. 1980

4 Verlautbarungen des Apostolischen Stuhls 46
Predigten und Ansprachen von Papst Johannes Paul II. bei seiner apostolischen Reise nach Mittelamerika
2.-10. 3. 1983

5 Missio-Pastoral – Beispieltexte
Anregungen für Verkündigung, Katechese, Bildungsarbeit
Missio Aktuell Verlag, Aachen

6 Stimmen der Weltkirche Nr. 8
Die Kirche in Lateinamerika
Dokumente der zweiten und dritten Vollversammlung des lateinamerikanischen Episkopats in Medellin (6. Sept. 1968) und Puebla (13. Febr. 1979)
Herausgeber: Sekretariat der Deutschen Bischofskonferenz

7 Emil L. Stehle (Hrsg.) Zeugen des Glaubens in Lateinamerika, Von der Entdeckung bis zur Gegenwart, Mainz 1980. Zitiert nach Emil L. Stehle (Hrsg.) Sie verteidigten die Menschenwürde. Zeugen des Glaubens in Lateinamerika, Mainz 1983, Topos-Taschenbücher, Band 123

8 Verlautbarungen des Apostolischen Stuhls 59
Predigten und Ansprachen von Papst Johannes Paul II. bei seinem Pastoralbesuch in Kanada und seiner Pastoralreise nach Saragossa und in die Karibik
9.-20. September 1984 und 10.-13. Oktober 1984

9 Verlautbarungen des Apostolischen Stuhls 61
Predigten und Ansprachen von Papst Johannes Paul II. bei seiner sechsten Pastoralreise nach Lateinamerika
26. 1.-6. 2. 1985

In den Gottesdiensten werden die Titel in Kurzform nur mit der entsprechenden Ziffer und Seiten- bzw. Nummernzahl zitiert, z. B. (7,124)

GL – **Gotteslob,** Katholisches Gebet- und Gesangbuch, Hrsg. von den Bischöfen Deutschlands und Österreichs und der Bistümer Bozen-Brixen und Lüttich. (Stammausgabe:) Kath. Bibelanstalt GmbH, Stuttgart 1975 (Eigenteile der Diözesen 1975)

Die Sendung am Anfang

JUAN DIEGO

(1477-1548)

Mexiko

Mütterliche Züge Gottes

Die Geschichte des lateinamerikanischen Kontinentes beginnt nicht erst mit dem 12. Oktober 1492, als Christoph Kolumbus auf seiner Suche nach der Küste Westindiens zunächst im Atlantik die Insel Guanahani entdeckte. In den mächtigen Reichen der Olmeken, der Maya, der Tolteken, der Inka und der Azteken besaßen diese Menschen schon vor ihrer Entdeckung durch die Europäer eine hohe Kenntnis der Naturzusammenhänge. Kunst und Kult standen im Dienst der Götter. Ausgeprägte Sozialstrukturen regelten das Leben der Menschen miteinander.
Der 12. Oktober 1492 ist das Datum, an dem die Geschichte der Evangelisierung dieses Kontinentes beginnt. Zwar ist diese Geschichte gemischt mit Machtgier und Goldrausch, mit Grausamkeiten und Unterdrückung, es gibt aber auch die Zeugnisse des Eintretens für die Menschenrechte der Indianer und den echten missionarischen Eifer, das Evangelium zu verkünden. Keiner konnte ahnen, daß die Mutter des Herrn, deren Name spanischer Frömmigkeit entsprechend vielen Orten gegeben wurde, selbst in das Geschehen der Verkündigung der Frohen Botschaft auf diesem Kontinent eingreifen sollte. Es gibt nur einen einzigen Zeugen für die Erscheinung der Gottesmutter und die Übermittlung ihrer Botschaft: Juan Diego, 57 Jahre, ein Indianer, der vor seiner Taufe Cuauhtlatóhuac hieß, das bedeutet, der wie ein Adler spricht. Seinem Zeugnis Glauben schenken heißt auch gleichzeitig, die Wirklichkeit der Erscheinung Mariens auf dem Tepeyac-Hügel in Mexiko akzeptieren und die Botschaft hören.
Am 9. Dezember 1531 befindet sich Juan Diego auf dem Weg zum Franziskanerkloster in Tlaltelolco, um an der Samstagsfrühmesse teilzunehmen, als er Vogelstimmen lauschend den Hügel besteigt und in seiner Náhuatlsprache plötzlich angesprochen wird. Er sieht eine junge Frau mit dem dunkelhäutigen Gesicht einer Indianerin. Ihre Augen blicken ihn liebevoll an. Ihre Hände sind gefaltet. „Juanito, du bist mir besonders empfohlen worden", spricht sie ihn an. „Du sollst wissen, daß ich die immerwährende heilige Jungfrau Maria bin, die Mutter des wahren Gottes, von dem alles Leben kommt. Er ist der Schöpfer des Himmels

und der Erde." An der Stätte früherer heidnischer Kulte sagt Maria: „Ich habe den Wunsch, daß hier ein Gotteshaus zu meiner Ehre errichtet wird. In ihm will ich dir und allen Bewohnern des Landes, aber auch allen, die mich vertrauensvoll anrufen, meine Liebe, mein Mitleid und meine Hilfe erweisen, denn ich bin eure gütige Mutter."
Juan Diego übermittelt dem Bischof von Mexiko den Wunsch der Gottesmutter. Dieser schenkt ihm keinen Glauben, sondern fordert ein Zeichen. Maria schickt ein dreifaches Zeichen. Bei ihrer vierten Erscheinung, am 12. Dezember 1531, sammelt Juan Diego in seinem Mantel eine Fülle herrlicher Rosen vom Tepeyac-Hügel, der sonst nur mit Kakteen bestanden ist. Als er vor dem Bischof seinen Mantel öffnet und die Blumen ausbreitet, prägt sich in diesen auf wunderbare Weise das Bild der von ihm geschauten Erscheinung ein. Am gleichen Morgen, so berichtet später sein Onkel Bernardino, sei ihm eine vornehm gekleidete Frau erschienen, die ihn geheilt und ihm mitgeteilt habe, daß sie unter dem Namen „Heilige Maria Jungfrau von Guadalupe" angerufen werden wolle.
Die Geschichte der Erscheinung ist voller Anspielungen auf die indianischen religiösen Vorstellungen, und sie ist gleichzeitig eine Aussage über den starken Glauben und die echte Demut des Indianers Juan Diego. Am Ort der Erscheinungen wird bald eine Kapelle errichtet. In einem Zimmer neben dem Heiligtum wohnt Juan Diego und dient Gott und den Pilgern noch 17 Jahre bis zu seinem Tode im Jahre 1548.
Die Wallfahrten zum Heiligtum und die Auszeichnungen des Bildes der Jungfrau von Guadalupe durch das Volk und durch die Päpste beweisen, daß dem Zeugnis des Sehers Juan Diego millionenfach geglaubt worden ist. Sein Leben in Dienstbereitschaft, Gebet und Buße steht mit am Anfang der Evangelisierung des Kontinents. Sein Seligsprechungsprozeß zusammen mit denen weiterer mexikanischer Glaubenszeugen und Märtyrer ist eingeleitet.

Gottesdienst

Anliegen

„Man kann nicht von Kirche sprechen, wenn Maria nicht gegenwärtig ist.“ *(Paul VI.)*

Lied zum Beginn

GL 577 Maria, Mutter unseres Herrn 1-4

Persönliches Grußwort und liturgische Begrüßung

Unser Herr Jesus Christus, dessen Mutter auch unsere Mutter – als Beispiel christlichen Glaubens – ist, sei mit euch!

oder

Die Liebe Gottes des Vaters, der sich in Jesus, dem Sohn Maria als Freund der Menschen gezeigt hat, sei mit euch!

Einführung

Aus dem Schlußdokument der III. Generalkonferenz der lateinamerikanischen Bischöfe in Puebla (13. Februar 1979):
„Unser Volk liebt die Wallfahrten. In ihnen feiert der einfache Christ die Freude, sich eingetaucht zu fühlen inmitten der Menge seiner Brüder, die zusammen auf dem Weg zu Gott sind, der sie erwartet. Ein solches Tun ist zugleich ein glanzvolles sakramentales Zeichen der großen Vision von der Kirche, wie sie uns das Zweite Vatikanische Konzil bietet: die Familie Gottes, verstanden als Volk Gottes, das auf Pilgerfahrt durch die Geschichte begriffen ist und auf seinen Herrn zugeht.“ *(6 Nr. 232)*
Aus der Predigt Papst Johannes Pauls II. beim Gottesdienst in der Wallfahrtskirche in Guadalupe am 27. 1. 1979: „Seitdem der Indio Juan Diego von der Lieben Frau von Tepeyac kündete, trittst du, Mutter von Guadalupe, in entscheidender Weise in das christliche Leben des Volkes von Mexiko ein. Ebenso bedeutend

ist deine Gegenwart an anderen Orten geworden, wo die Gläubigen dich unter verschiedenen Namen liebevoll verehren . . . " *(2,33)*

Schuldbekenntnis

Solche Menschen wie der Indio Juan Diego setzen immer wieder einen neuen Maßstab. Wenn wir uns an ihnen und dem Zeugnis, das sie gaben, messen, merken wir erst, wie klein unser Glaube doch oft ist:
Oft drehen wir unsere Meinungen wie Fahnen im Wind, um Schwierigkeiten aus dem Weg zu gehen.
Herr, erbarme dich unser. (auch gesungen z. B. GL 436)
Wir bemitleiden oder belächeln Menschen, die Unbequemlichkeiten um ihres Glaubens willen in Kauf nehmen.
Christus, erbarme dich unser.
Wir drücken uns um ein offenes Bekenntnis zu dir und bleiben lieber unerkannt in der Menge.
Herr, erbarme dich unser.

Tagesgebet (Meßbuch 888)

Gütiger Gott, komm uns zu Hilfe auf die Fürsprache der seligen Jungfrau Maria. Befreie uns aus allen Gefahren und laß uns froh werden in deinem Frieden. Darum bitten wir durch Jesus Christus.

Einleitung zur Lesung

Die lateinamerikanischen Bischöfe schreiben über Maria als Mutter und Vorbild der Kirche: Unter unseren Völkern ist bei der Verkündigung des Evangeliums immer die Jungfrau Maria als seine höchste Erfüllung dargestellt worden. Seit den Ursprüngen, ihrer Erscheinung und Anrufung in Guadalupe, stellte Maria das große Zeichen, das mütterliche Antlitz voller Erbarmen für die Nähe des Vaters und des Sohnes dar, mit denen zusammen sie uns einlädt, in die Gemeinschaft einzutreten. Maria war auch die Stimme, die uns zur Einigung zwischen Menschen und Völkern aufforderte. Wie das Heiligtum von Guadalupe, so sind auch die übrigen Marienwallfahrtsstätten des Kontinents ein Zeichen der Begegnung des Glaubens der Kirche mit der lateinamerikanischen Geschichte. *(6 Nr. 282)*

Lesung (Offb 11,19a; 12,1-6a.10ab)

Die Frau und der Drache

Der Tempel Gottes im Himmel wurde geöffnet, und in seinem Tempel wurde die Lade seines Bundes sichtbar. Dann erschien ein großes Zeichen am Himmel: eine Frau, mit der Sonne bekleidet; der Mond war unter ihren Füßen und ein Kranz von zwölf Sternen auf ihrem Haupt. Sie war schwanger und schrie vor Schmerz in ihren Geburtswehen.
Ein anderes Zeichen erschien am Himmel: ein Drache, groß und feuerrot, mit sieben Köpfen und zehn Hörnern und mit sieben Diademen auf seinen Köpfen. Sein Schwanz fegte ein Drittel der Sterne vom Himmel und warf sie auf die Erde herab.
Der Drache stand vor der Frau, die gebären sollte; er wollte ihr Kind verschlingen, sobald es geboren war. Und sie gebar ein Kind, einen Sohn, der über alle Völker mit eisernem Zepter herrschen wird. Und ihr Kind wurde zu Gott und zu seinem Thron entrückt. Die Frau aber floh in die Wüste, wo Gott ihr einen Zufluchtsort geschaffen hatte.
Da hörte ich eine laute Stimme im Himmel rufen:
Jetzt ist er da, der rettende Sieg, die Macht und die Herrschaft unseres Gottes und die Vollmacht seines Gesalbten.

Zwischengesang

GL 564 Christus Sieger, Christus König
oder
GL 586 Gruß dir, Mutter, in Gottes Herrlichkeit (Übertragung von „Salve, mater misericordiae“) bes. 2.: Du Gottes heilges Zelt

Einleitung zum Evangelium

Warum bedurfte Maria überhaupt einer Vermittlung durch einen so armseligen Tropf wie den Indio Juan Diego? Maria erklärt ihm, daß sie ihn ganz persönlich zu ihrem Gesandten erwählt habe, und mahnt ihn mit ähnlichen Worten, wie wir sie bei dem Evangelisten Johannes finden: *(7,29)*

Evangelium (Joh 14,1-6)

Das Gespräch über den Weg zum Vater

Euer Herz lasse sich nicht verwirren. Glaubt an Gott, und glaubt an mich! Im Haus meines Vaters gibt es viele Wohnungen. Wenn es nicht so wäre, hätte ich euch dann gesagt: Ich gehe, um einen Platz für euch vorzubereiten? Wenn ich gegangen bin und einen Platz für euch vorbereitet habe, komme ich wieder und werde euch zu mir holen, damit auch ihr dort seid, wo ich bin. Und wohin ich gehe – den Weg dorthin kennt ihr. Thomas sagte zu ihm: Herr, wir wissen nicht, wohin du gehst. Wie sollen wir dann den Weg kennen? Jesus sagte zu ihm: Ich bin der Weg und die Wahrheit und das Leben; niemand kommt zum Vater außer durch mich.

Predigtstichworte

1. Paul VI. schreibt über die Volksfrömmigkeit:
   Sowohl in jenen Gebieten, in denen die Kirche seit Jahrhunderten eingewurzelt ist, als auch dort, wo sie im Begriff ist, Wurzel zu fassen, findet man beim Volk besondere Ausdrucksformen des Glaubens und der Suche nach Gott.
   Ist sie (aber) in der rechten Weise ausgerichtet, vor allem durch hinführende und begleitende Evangelisierung, dann birgt sie wertvolle Reichtümer in sich. In ihr kommt ein Hunger nach Gott zum Ausdruck, wie ihn nur die Einfachen und Armen kennen. Sie befähigt zur Großmut und zum Opfer, ja zum Heroismus, wenn es gilt, den Glauben zu bekunden. In ihr zeigt sich ein feines Gespür für tiefe Eigenschaften Gottes: seine Vaterschaft, seine Vorsehung, seine ständige, liebende Gegenwart. Sie führt zu inneren Haltungen, die man sonst kaum in diesem Maße findet: Geduld, das Wissen um die

Notwendigkeit, das Kreuz im täglichen Leben zu tragen, Entsagung, Wohlwollen für andere, Respekt. Darum nennen Wir sie gern Volksfrömmigkeit, das heißt Religion des Volkes, anstatt Religiosität.
(1 Nr. 48)

2. Die lateinamerikanischen Bischöfe schreiben über Maria als Vorbild: Maria ist in Wahrheit die Mutter der Kirche. Sie prägt das Volk Gottes. Paul VI. macht sich eine kurze Formel der Tradition zu eigen: „Man kann nicht von Kirche sprechen, wenn Maria nicht gegenwärtig ist“ (MC 28). Sie ist weibliche Gegenwart, die die Atmosphäre in der Familie schafft, den Willen, andere aufzunehmen, die Liebe und die Achtung vor dem Leben. Sie ist die sakramentale Gegenwart der mütterlichen Züge Gottes. Ihre Gegenwart ist eine so tief menschliche und heilige Realität, daß sie in den Gläubigen die Gebete der liebevollen Zuneigung, des Schmerzes und der Hoffnung entstehen läßt.
   Maria, die zur umfassenden Teilhabe mit Christus geführt wird, ist die enge Mitarbeiterin seines Wirkens. Sie war „etwas völlig anderes als eine passiv ergebene Frau, oder in einer abwegigen Religiosität befangen“ (MC 37). Sie ist nicht nur wunderbares Ergebnis der Erlösung, sie ist auch aktive Mitarbeiterin. An Maria wird in hervorragender Weise deutlich, daß Christus nicht die Kreativität jener aufhebt, die ihm folgen. In ihrer Verbindung mit Christus entwickelt sie alle ihre Fähigkeiten und ihre menschliche Verantwortung!
   Maria wird als außerordentliches Vorbild der Kirche auf der Ebene des Glaubens anerkannt (vgl. Mk 3,31-34). Sie ist die Gläubige, in der der Glaube aufleuchtet als Geschenk, als Öffnung, als Antwort und Treue. Sie ist die vollkommene Schülerin, die sich dem Wort öffnet und sich von seiner Kraft durchdringen läßt: Wenn sie das Wort nicht versteht und überrascht ist, verwirft sie es nicht, noch läßt sie es beiseite; sie denkt über das Wort nach und bewahrt es in ihrem Herzen (vgl. Lk 2,51). Und auch wenn dieses Wort in ihren Ohren hart klingt, so harrt sie voller Vertrauen im Zwiegespräch des Glaubens mit Gott aus, der zu ihr spricht. *(6 Nr. 291, 293, 296)*

Fürbitten

Priester:

Vom österlichen Geheimnis Christi durchdrungen wissen wir, daß nur das gelebte und verkündigte Evangelium, wie Christus es lebte und verkündigte, zu einer wirklichen und umfassenden Befreiung der Menschheit führt.

So rufen wir zu ihm, der uns nahe ist mit seiner Sorge und Liebe:
Herr, komm deinem Volk zu Hilfe.

Lektor(en):
Laß unsere Kirche in einer von Konflikten gekennzeichneten Geschichte unersetzliche Kräfte bereithalten, um die Versöhnung und die solidarische Einheit der Völker zu fördern.

Fördere ein stärker vom Evangelium geprägtes Engagement der Christen und eine Haltung des ständigen Dialogs aller Menschen auf dieser Erde.

Stärke die Bewegungen des Laienapostolats in Lateinamerika, die auf der Grundlage von Familie, Jugend und weiteren Gruppen organisiert sind.

Hilf jedem einzelnen von uns bei seiner Antwort auf die Leiden und Wünsche der Völker Lateinamerikas, die voller Hoffnung sind.

Priester:
Allmächtiger Gott, im Vertrauen auf die Fürbitte Unserer Lieben Frau haben wir dir unsere Bitten vorgetragen. Du hast den Aposteln, die mit der Mutter Jesu im Gebet versammelt waren, den Heiligen Geist gesandt. Der Geist des Auferstandenen wohnt auch heute noch unter den Menschen. Gegenüber dieser Kraft und Liebe wollen wir aufnahmebereit sein in Christus, unserem Herrn.

(vgl. 6 Nr. 1300, 1302, 1309)

Lied zur Gabenbereitung

GL 640 Gott ruft sein Volk zusammen
bes. 2.: Liebt Christus alle gleich

Gabengebet (Meßbuch 775)

Barmherziger Gott, dein Sohn hat uns am Kreuz die selige Jungfrau Maria zur Mutter gegeben. In Gemeinschaft mit ihr feiern wir das Opfer des Lobes. Schau gnädig auf uns und nimm unsere Gebete und Gaben an. Darum bitten wir durch Christus, unseren Herrn.

Präfation

Meßbuch 767 „Maria, die auserwählte Mutter des Erlösers"

Einleitung zum Vaterunser

Guter Vater, mit deinem Sohn wollen wir leben – mit ihm wollen wir auch beten:

Zum Friedensgruß

GL 519 Komm her, freu dich mit uns
bes. 2: Deinem Bruder öffne das Herz

Lied zur Kommunion

GL 617 Nahe wollt der Herr uns sein
bes. 5.: Freuet euch, von Sorge frei

Meditation

Schenke unseren Völkern Frieden
Gebet des Papstes Johannes Paul II. zu Unserer Lieben Frau von Guadalupe (Auszug):

Schenke unseren Völkern Frieden,
Gerechtigkeit und Wohlergehen,
denn alles, was wir sind und was wir haben,
stellen wir unter deinen Schutz, o Mutter und Herrin.

Wir wollen ganz dein sein
und mit dir den Weg rückhaltloser Treue

zu Christus und seiner Kirche gehen, auf dem du uns mit liebender Hand führst.

Jungfrau von Guadalupe, Mutter Amerikas,
wir bitten dich für alle Bischöfe:

Mögen sie die Gläubigen auf dem Weg eines zutiefst
christlichen Lebens, auf dem Weg der Liebe
und des demütigen Dienstes
für Gott und die Seelen führen.

Schenke unseren Familien Gnade,
das werdende Leben zu lieben und zu achten
mit der gleichen Liebe, mit der du das Leben
des Gottessohnes in deinem Schoß empfangen hast.
Heilige Jungfrau Maria, Mutter der schönen Liebe,
beschütze unsere Familien, damit sie stets geeint
seien,
und segne die Erziehung unserer Kinder.

So können wir, heiligste Mutter,
mit einem Gewissen, das in Frieden mit Gott ist,
mit Herzen, frei von Haß und Bösem,
allen die wahre Freude
und den wahren Frieden bringen,
der von deinem Sohn, unserem Herrn Jesus Christus,
ausgeht, von ihm, der mit dem Vater
und dem Heiligen Geist lebt und herrscht
in Ewigkeit. Amen. *(2 Nr. 3.4.)*

Schlußgebet (Meßbuch 51)

Herr, unser Gott, am Fest der seligen Jungfrau Maria, die wir als Mutter deines Sohnes und Mutter der Kirche bekennen, haben wir voll Freude das heilige Sakrament empfangen. Laß es uns eine Hilfe sein, die uns zum ewigen

Leben führt. Darum bitten wir durch Christus, unseren Herrn.

Schlußlied

GL 578 Meerstern sei gegrüßet
bes. 3.: Zeige dich als Mutter

Praktischer Hinweis

1. Literatur

Unsere Liebe Frau von Mexiko – Maria de Guadalupe, Wilhelm Havers, 62 S., ADVENIAT: Zeugnisse/Berichte/Kommentare Heft Nr. 7.

Wilhelm Havers, Maria de Guadalupe, Die Aktualität des Guadalupe-Ereignisses für die Gegenwart und die Zukunft Mexikos, in: Die Mutter der schönen Liebe, Hrsg. German Rovira, Würzburg 1982, S. 65-88.

Kardinal Ernesto Corripio Ahumada, Die Botschaft von Guadalupe, in: Die Mutter der schönen Liebe, a.a.O., S. 169-181.

Anton Freitag, Unsere Liebe Frau in Spanisch Amerika, in: Dich preisen die Völker, Kaldenkirchen 1954, S. 115-172.

2. Film

Viva Maria – Königin Mexikos, 45 Min., 1977.
Der Papst in Mexiko 1979 (Tellux) spanisch „Continente de Esperanza".
Eduardo, Cristina und die anderen, Wallfahrt zum Marienheiligtum in Lujan, Argentinien, 45 Min., 1979.

3. Poster

Muttergottes von Guadalupe, DIN A 2, Farbe, ADVENIAT-Geschäftsstelle.

4. Folienprogramm

F 8/2, Muttergottes von Guadalupe.
F 2/3, Mexikanische Pilgergruppe.

5. Schallplatte

Madre de Dios, Folkloristische Musik aus hispanischen Marienwallfahrtsorten, Christopherus (nicht mehr käuflich, ggf. in den Medienstellen zu entleihen).

ROSA VON LIMA

(1586-1617)
23. August
Peru

Quelle österlichen Lebens

Leben und Wirksamkeit eines Menschen gehen über den Tod hinaus. Das wird besonders an den Heiligen deutlich. 50 Jahre nach ihrem Tod wird die heilige Rosa von Lima zur Patronin Spanisch-Amerikas erklärt, Papst Clemens X. vertraut ihr das Schicksal der Menschen und der Kirche in diesen Ländern an. 344 Jahre später wird ihr Patronat erneut in Anspruch genommen. Diesmal von Bischof Hengsbach und der Deutschen Bischofskonferenz in Fulda, die am Festtag der Heiligen, am 30. August 1961, eine einmalige Kollekte für die Kirche in Lateinamerika beschließen. Aus dieser Entscheidung erwächst die Bischöfliche Aktion ADVENIAT.

Am 30. April 1586 wird Rosa als drittes Kind ihrer Eltern Gaspar Flores und Maria de Olivia in Lima geboren. Bei ihrer Taufe am Pfingstfest des gleichen Jahres erhält sie den Namen Isabella. Wegen ihrer Anmut und blühenden Schönheit wird sie von ihrer Umgebung Rosa gerufen, was sie innerlich beunruhigt. Im Gebet um Klarheit ringend, erfährt sie die Antwort der Gottesmutter: „Dein Name Rosa gefällt meinem Sohn. Damit du sicher bist, möchte ich, daß du dich von nun an Rosa de Santa Maria nennst."

Die Familie des unbegüterten Wachmannes lebte mit ihren elf Kindern zweifellos in wirtschaftlicher Sorge. Rosa, im Nähen, Sticken und in der Blumenpflege sehr geschickt, trägt lange Jahre zum Unterhalt der vielköpfigen Familie bei.

Obgleich alle Rosa gern haben, ist es nicht immer einfach, mit einem solch übersensiblen Mädchen zu leben, das die Einsamkeit dem kindlichen Spiel vorzieht und das mit Fasten und Buße tun sich manchmal selbst zu vernichten scheint. Besonders schwer hat es die robuste und heftige Mutter, die ihre hübsche Tochter lieber verheiratet hätte, als sie dieses unfaßliche Leben führen zu sehen.

Die hl. Katharina von Siena ist Rosas geistliches Vorbild. Wie sie wird sie im Alter von 20 Jahren als Dominikaner-Terziarin aufgenommen. So sehr Rosa die Verborgenheit des elterlichen Gartens liebt, um in der Nachfolge des Leidens Christi zu beten und Buße zu tun, so sehr ist sie auch um die Kranken der Stadt besorgt. Sie nimmt die von ihren Herrschaften verstoßenen kranken Dienstboten und Sklaven in ihr Elternhaus auf, pflegt kranke Spanier, Indianer, Schwarze, Weiße und Mischlinge, ohne auf deren Herkunft zu achten. Nur die Elendsten und Verlassensten haben einen Vorzug. In mütterlicher und zärtlicher Liebe schreckt sie auch vor den grauenhaftesten Krankheiten nicht zurück.

Eine unbändige missionarische Sehnsucht verzehrt sie: Bis in die entlegensten Gebiete möchte sie die Botschaft Christi tragen. Zur damaligen Zeit ist dieser Dienst den Frauen nicht gestattet. So tadelt sie die Dominikaner, ihre Zeit nicht mit spitzfindigen metaphysischen Disputen zu vertun, sondern Tausende und Abertausende von Seelen durch die Verkündigung des Evangeliums zu retten.

Eine Kommission prüft Rosa zweimal auf die Echtheit ihrer mystischen Erfahrungen. Es fällt Rosa schwer, ihre Gottesbegegnungen vor Menschen zu offenbaren und in Worte zu kleiden. Die Kommission stellt fest, daß der „Puls ihrer Seele" völlig normal ist. Die in den Protokollen festgehaltenen Beschreibungen der Mystikerin über ihre tiefe Verbundenheit mit Gott und die schreckliche Erfahrung der Gottesferne sind für unsere heutige Zeit noch ungehobene Schätze. Auch die Collagen aus Papierblättern, geflügelte und auch verletzte Herzen darstellend, die Rosa unter den mystischen Eindrücken gefertigt hat, warten noch auf zeitgemäße Interpretationen.

Rosas Sterben ist Leiden des Leibes und gleichzeitiges Verbrennen in göttlicher Glut. Am Fest des Apostels Bartholomäus, am 24. August 1617, geht sie im Alter von 32 Jahren in das himmlische Paradies ein.

1668 wird sie seliggesprochen. 1670 erklärt der Papst sie zur Patronin von ganz Spanisch-Amerika und den Philippinen. 1671 erfolgt ihre Heiligsprechung.

Ihr geistliches Vermächtnis: die Liebe zum ständigen Gebet, die Bereitschaft zu Buße und Sühne, die Hingabe an die Elenden und Kranken. Ihre Zusicherung: das Maß der Leiden ist auch das Maß der Gnaden. Die heilige Rosa kannte in ihrem Leben keinen Kompromiß zwischen Kreuz und Komfort. Heute hat die oft kompromißlose Entscheidung für den Komfort das Kreuz der Armut auf zu viele Schultern gelegt.

Gottesdienst

Anliegen

„Es gibt nur einen europäischen Export, der sich lohnt – die Liebe Gottes."

Schnitzler, Die Heiligen im Jahr des Herrn, Freiburg 1980, S. 291

Lied zum Beginn

GL 295 Wer nur den lieben Gott läßt walten
bes. 2: Wir machen unser Kreuz und Leid

Persönliches Grußwort und liturgische Begrüßung

Unser Herr Jesus Christus, der durch Kreuz und Leid alles neu macht, sei mit euch!

oder

Christus, der mit Kreuz und Leid den Tod besiegte, sei mit euch!

Einführung

„Wäre ich keine Frau, so würde es meine erste Sorge sein, nach Abschluß meiner Studien mich ganz der Mission und der Predigt des Evangeliums hinzugeben. Ich würde wünschen, in die wildesten und bestialischsten Provinzen zu ziehen, wo Menschenfleisch gegessen wird. Ich möchte den Indios mit dem Preis von Blut und Schweiß und mit der Kraft der Predigt und des Katechismus Gesundheit und Heilung bringen." *(7,60)*
Die so redet, erregte bei ihren Zeitgenossen viel Bewunderung, aber auch Anstoß. Über sie, die „Patronin Lateinamerikas" und andere Heilige ihres Landes sagen die lateinamerikanischen Bischöfe bei ihrem Treffen in Puebla 1979:
„Rosa von Lima zeigte, daß das Evangelium in seiner Fülle der Gnade und Liebe in Lateinamerika gelebt wurde und heute noch gelebt werden kann als Zeichen göttlicher Größe und göttlicher Wahrheit." *(6 Nr. 7)*

Schuldbekenntnis

Herr Jesus Christus, du rufst immer wieder schwache Menschen, dir zu folgen:
Herr, erbarme dich unser.
Du gibst ihnen Mut, dich beim Namen zu nennen und vor den Menschen zu bekennen:
Christus, erbarme dich unser.
Du sendest sie als Botschafter der Auferstehung und des vollendeten Reiches:
Herr, erbarme dich unser.

Tagesgebet (Meßbuch 758)

Gott, du Sehnsucht der Menschen, du hast die heilige Rosa von Lima mit solcher Liebe an dich gezogen, daß sie die Welt verließ und in harter Buße für dich allein lebte. Hilf uns auf ihre Fürsprache, unseren Weg durch diese Welt so zu gehen, daß wir dich, den unversiegbaren Quell der Freude, finden. Darum bitten wir durch Jesus Christus.

Einleitung zur Lesung

Wir müssen Jesus von Nazaret darstellen, wie er das Leben, die Hoffnungen und Ängste seines Volkes teilt, und wir müssen zeigen, daß er der von der Kirche geglaubte, verkündete und gefeierte Christus ist. *(6 Nr. 176)*

Lesung (2 Kor 10,17-11,2)

Allein der Herr in uns

Wer sich also rühmen will, der rühme sich des Herrn. Denn nicht, wer sich selbst empfiehlt, ist anerkannt, sondern der, den der Herr empfiehlt.
Laßt euch doch ein wenig Unverstand von mir gefallen! Aber das tut ihr ja. Denn ich liebe euch mit der Eifersucht Gottes; ich habe euch einem einzigen Mann verlobt, um euch als reine Jungfrau zu Christus zu führen.

Zwischengesang

GL 174 Jesus Christus ist der Herr (Phil 2,6-11)

Einleitung zum Evangelium

Mittelpunkt der Botschaft Jesu ist die Verkündigung des Reiches, das in ihm selbst gegenwärtig wird und kommt. Es besteht in einer gewissen Weise dort, wo immer Gott vermittels seiner Gnade und Liebe regiert, indem er die Sünde besiegt und den Menschen hilft, auf die große Gemeinschaft hinzuwachsen, die er ihnen in Christus anbietet. *(6 Nr. 226)*

Evangelium (Mt 13,44-46)

Die Gleichnisse vom Schatz und von der Perle

Mit dem Himmelreich ist es wie mit einem Schatz, der in einem Acker vergraben war. Ein Mann entdeckte ihn, grub ihn aber wieder ein. Und in seiner Freude verkaufte er alles, was er besaß, und kaufte den Acker. Auch ist es mit dem Himmelreich wie mit einem Kaufmann, der schöne Perlen suchte. Als er eine besonders wertvolle Perle fand, verkaufte er alles, was er besaß, und kaufte sie.

Predigtstichworte

Die lateinamerikanischen Bischöfe in Puebla 1979:
Wir wollen von Jesus Christus sprechen. Wir wollen erneut die Wahrheit des Glaubens über Jesus Christus verkünden. Wir fordern alle Gläubigen auf, diese befreiende Lehre anzunehmen. Ihre eigene zeitliche und ewige Bestimmung ist gebunden an die Kenntnis im Glauben und die Nachfolge in der Liebe jenes, der uns befähigt, durch die Ausgießung seines Geistes, ihn nachzuahmen, ihn, den wir den Herrn und den Erlöser nennen.
Außerdem weiß Jesus genau, daß es sich nicht darum handelt, die Menschen von der Sünde und deren schmerzvollen Folgen zu befreien. Er weiß sehr gut, was heute so häufig in Lateinamerika verschwiegen wird: Der Schmerz muß durch den Schmerz befreit werden, d. h., man muß das Kreuz auf sich nehmen und es zur Quelle österlichen Lebens umwandeln.

Um seine Schmerzen umwandeln zu können in das Wachsen auf eine Gesellschaft hin, die in Wahrheit von der Mitbeteiligung und Brüderlichkeit gekennzeichnet ist, muß Lateinamerika Menschen heranbilden, die fähig sind, die Geschichte in Übereinstimmung mit dem Wirken Jesu zu gestalten, in dem Sinne, wie wir es aufgrund der biblischen Theologie der Geschichte dargelegt haben. Unser Kontinent braucht Menschen, die sich dessen bewußt sind, daß Gott sie ruft, damit sie im Bund mit ihm handeln. Das Herz dieser Menschen muß lernbereit sein, sie müssen sich die Wege und den Maßstab zu eigen machen, die die Vorsehung fordert. Sie müssen insbesondere fähig sein, den eigenen Schmerz und den unserer Völker auf sich zu nehmen und diese Schmerzen im österlichen Geist umzuwandeln in die Forderung nach der persönlichen Umkehr, in eine Quelle der Solidarität mit allen denen, die diese Leiden teilen, und in eine Herausforderung an die schöpferische Tatkraft und Vorstellungskraft.
Maria wird als außerordentliches Vorbild der Kirche auf der Ebene des Glaubens anerkannt (vgl. Mk 3,31-34). Sie ist die Gläubige, in der der Glaube aufleuchtet als Geschenk, als Öffnung, als Antwort und Treue. Sie ist die vollkommene Schülerin, die sich dem Wort öffnet und sich von seiner Kraft durchdringen läßt: Wenn sie das Wort nicht versteht und überrascht ist, verwirft sie es nicht, noch läßt sie es beiseite; sie denkt über das Wort nach und bewahrt es in ihrem Herzen (vgl. Lk 2,51). Und auch wenn dieses Wort in ihren Ohren hart klingt, so harrt sie voller Vertrauen im Zwiegespräch des Glaubens mit Gott aus, der zu ihr spricht; so geschieht es, als Jesus im Tempel gefunden wird, so geschieht es in Kana, als ihr Sohn zunächst ihre Bitte ablehnt (Joh 2,4). Ihr Glaube bewegt sie dazu, nach Golgotha hinaufzusteigen und sich mit dem Kreuz als dem einzigen Baum des Lebens zu verbinden. Aufgrund ihres Glaubens ist sie die getreue Jungfrau, in der sich die höchste Seligpreisung erfüllt: „Wohl der, die geglaubt hat" (Lk 1,45) (vgl. Johannes Paul II., Hom. Guadalupe. AAS LXXI S. 164).

(6 Nr. 180, 278f., 296)

Fürbitten

GL 214 Christus, Sieger über Schuld und Sünde (abwechselnd, auch gesungen)
oder
Schott-Meßbuch für die Wochentage 2, S. 1260

Antwort:
Jesus, bleibe bei uns!

Lied zur Gabenbereitung

GL 620 Das Weizenkorn muß sterben
oder
GL 183 Wer leben will wie Gott

Gabengebet (Meßbuch 351,12)

Herr und Gott, sieh mit Wohlgefallen auf die Gaben, die wir im Namen deiner Kirche bereitet haben. Wie die heilige Rosa von Lima, deren Gedächtnis wir feiern, in einem Leben der Hingabe deinen Auftrag erfüllte, so hilf auch uns durch die Kraft dieses Opfers, in deiner Gegenwart zu wandeln und Zeugen deiner Liebe zu sein. Darum bitten wir durch Christus, unseren Herrn.

Präfation

Meßbuch 438 Von den heiligen Jungfrauen und Ordensleuten „Die Zeichenhaftigkeit des gottgeweihten Lebens"
oder
Meßbuch 258 Vom Hochfest Heiligstes Herz Jesu „Das Herz des Erlösers und die Gläubigen"

Einleitung zum Vaterunser

Durch Jesu Wort ermutigt, wagen wir, zu dir, unserm Herrn und Gott, zu sprechen:

Zum Friedensgruß

Glaube nur: sie brauchen dich, die Menschen, die mit dir gehen.
Sie brauchen dein Gutsein und dein Verstehen,
deinen blanken, geraden Sinn, der sich freihält vom raschen Gericht,
die Treue kennt und Wahrheit spricht.
Sie brauchen die Reinheit in deiner Gestalt,
und deines Wortes klare Gewalt,

und das, was ihnen am meisten gebricht:
dein Wissen um das ewige Licht.

Maria Nels in Graff, Aktuelle Lesungen, Mainz 1973, S. 155

Lied zur Kommunion

GL 641 Eine große Stadt entsteht
bes. 3.: Durch seines Kreuzes Kraft
oder
GL 220 Das ist der Tag, den Gott gemacht
bes. 2.: Verklärt ist alles Leid der Welt

Meditation

Das Kreuz – Quelle österlichen Lebens

„Der Schmerz muß durch den Schmerz befreit werden, d.h., man muß das Kreuz auf sich nehmen und zu einer Quelle österlichen Lebens machen.
Unser Kontinent braucht Menschen, die sich bewußt sind, daß Gott sie beruft, damit sie im Bund mit ihm handeln.
Das Herz dieser Menschen muß lernbereit sein und sich die Wege und den Maßstab zu eigen machen, die von der Vorsehung vorgegeben werden.
Sie müssen insbesondere fähig sein, den eigenen Schmerz und den unserer Völker auf sich zu nehmen und die Schmerzen umzuwandeln
in der Forderung nach der eigenen Umkehr,
in eine Quelle der Solidarität mit denen, die leiden und
in eine Herausforderung für schöpferische Initiativen und Ideen." *(6 Nr. 278/279)*

Schlußgebet (Meßbuch 260)

Herr, unser Gott, du hast uns gestärkt mit dem Sakrament jener Liebe, durch die dein Sohn alles an sich zieht. Entzünde auch in uns das Feuer seiner Liebe, damit wir in

unseren Brüdern ihn erkennen und ihm dienen. Darum bitten wir durch ihn, Christus, unseren Herrn.

Schlußlied

GL 615 Alles meinem Gott zu Ehren
bes. 2.: Alle Freude, alles Leid

Praktischer Hinweis

1. Literatur

Elisabeth Prégardier, Rosa von Lima – Den Conquistadoren ein Mahnzeichen des Leidens Christi, in: Zeugen des Glaubens, Mainz 1980. Dies., Sie verteidigten die Menschenwürde, Mainz 1982, hrsg. v. Emil L. Stehle.

Adrienne von Speyr, Rosa von Lima im Allerheiligenbuchl, Einsiedeln. 1966

(Zum 400. Geburtstag der Heiligen am 30. April 1986 sind einige Beiträge in Schrift und Bild in Vorbereitung. Anfrage bei ADVENIAT Essen.)

Da die Heilige Rosa von Lima Schutzpatronin Lateinamerikas ist, sind im folgenden Medien angegeben, die diesen Kontinent ihres Patronats betreffen. In Sonderheit gilt dies für die Bischöfliche Aktion Adveniat. Am Festtag der hl. Rosa von Lima, damals am 30. 08. 1961, sozusagen unter dem Schutze und mit Hilfe der hl. Rosa, wagte Bischof Hengsbach von Essen bei der Herbstversammlung der deutschen Bischöfe den Vorstoß in Richtung der Aktion ADVENIAT.

ADVENIAT –, Emil L. Stehle in Zeugnis und Dienst (zum 70. Geburtstag von Bischof Dr. Franz Hengsbach), Bochum 1980, S. 187-201. (Sonderdruck in der Adveniat-Geschäftsstelle.)

20 Jahre Bischöfliche Aktion ADVENIAT, Dokumente/Projekte, Heft Nr. 21.

Die Bischöfliche Aktion ADVENIAT – ein Porträt, 36 S. (ADVENIAT Essen, Bestell-Nr. SV 5a).

Meditationen: H. Multhaupt/E. Prégardier, Viele nennen dich Vater, 28 S., Bereitet den Weg des Herrn, 28 S. (Adveniat, Essen)

2. Film

. . . Dein Reich komme . . . ADVENIAT regnum tuum, 45 Min., 1985

3. Lichtbild

Kleine Blüte Hoffnung, Dia-Serie, 6 Kurzbetrachtungen für die Adventszeit, E. Prégardier/H. Multhaupt, Paderborn 1983

4. Poster

Plakate der jeweiligen Jahresaktion
Landkarte Lateinamerika, Politische Karte mit historischen Ausschnitten, DIN A2, Farbe
Landkarte Lateinamerika 1545, aus der Kosmographie von Sebastian Münster, DIN A 3, Farbe
Nachricht von Freunden. Über Schwerpunkte der ADVENIAT-Hilfe, DIN A2, 8 Poster.
Gesichter der Armut in Lateinamerika, DIN A2, 8 Poster.
Ihr seid meine Freunde, Momentaufnahmen über Not und Hoffnung in Lateinamerika, DIN A2, 8 Poster.

5. Folienprogramm

F 2/2, Johannes der Täufer
F 2/3, Volk Gottes gemeinsam unterwegs
F 5/1, Zeugnis geben (Vater mit Kind)
F 5/3, Menschwerdung (Familie in den Bergen)
F 8/2, Muttergottes von Guadalupe
F 11/1, Gott sagt: Ich werde kommen
F 11/2, Aufeinander zugehen (Mädchen auf der Brücke)
F 14/1, Sandwüste
F 14/2, Der Kirche dienen (Mädchen mit Kreuz)
F 14/4, Gott wird Mensch (Kind im Hängetuch)
F 15/1, Schaffe Recht den Bedrückten (Mann aus Haiti)
F 17/1, Gerechtigkeit schafft Frieden (Mann mit Kerze)
F 17/3, Kirche der Armen (Ängstliche Frauen)
F 20/2, Dein Licht wird hervorbrechen (Hütten, Palmen)
F 20/5, Gleichnis vom liebenden Vater (Künstler Sanchez, Peru)
F 21/3, Deine Hilfe stärkt ihre Hoffnung (Frau mit Kind)
F 22/4, Jesus und Petrus (Künstler Sanchez, Peru)

Evangelisierung und Erziehung

TORIBIO DE MOGROVEJO

(1538-1606)
23. März
Peru

Umfassende Befreiung in Christus

Als ihm König Philipp II. im März 1579 die Ernennungsurkunde zum Erzbischof von Lima in Peru übermittelt, ist er nicht einmal Priester. Der 40jährige Rechtsgelehrte und Präsident des Inquisitionsrates von Granada scheint für das schwere Amt im fernen Amerika die besten charakterlichen und fachlichen Voraussetzungen zu besitzen. Toribio nimmt, nachdem er zugestimmt hat, seine Aufgabe sehr ernst. Er empfängt die Priesterweihe und die Bischofsweihe. In Sevilla, wo alle amerikanischen Angelegenheiten beraten werden, bereitet er sich auf sein Amt vor. Im Mai 1581 trifft er in Lima ein. Die Bevölkerung bereitet ihm einen begeisterten Empfang.

Lima ist der geistliche und politische Mittelpunkt Amerikas, die Metropole aller zehn Diözesen, die heute die Länder Nicaragua, Panama, Kolumbien, Ecuador, Chile, Bolivien, Paraguay und Argentinien umfassen. Erzbischof Toribio obliegen die Missionierung der Indios, die Aussöhnung und die Zusammenarbeit zwischen Ordens- und Weltklerus, die Verteidigung der Menschenrechte der Indios gegenüber den Übergriffen der Spanier und die Durchführung der Beschlüsse des Reformkonzils von Trient (1545-1563) in der gesamten Kirchenprovinz.

Gleich nach seiner Ankunft beruft er das III. Konzil von Lima ein, das die Diözesanbischöfe der Kirchenprovinz versammeln soll. Zuvor jedoch unternimmt er eine Pastoralreise durch viele Indiodörfer, um die Probleme der Menschen genau kennenzulernen und das Konzil sachkundiger leiten zu können. Die Beratungen ziehen sich mehr als ein Jahr hin (August 1582 bis Oktober 1583). Die Entscheidungen werden maßgebend für die Methoden der Missionierung und der Katechese, für die Strukturierung der Kirche, für die Heranbildung des einheimischen Klerus und für die Durchführung der Pastoralbesuche. Eine der schönsten Früchte des Konzils ist der Druck eines Katechismus in den drei Sprachen: Spanisch, Quechua und Aymara. Er ist das erste in Lima gedruckte Buch.

25 Jahre übt Toribio sein umfassendes Amt aus. Beeindruckend sind sein unermüdlicher Eifer, seine kluge und unbestechliche Amtsführung, seine echte Frömmigkeit. Er beruft zwei weitere Konzilien ein (1591, 1601), führt 13 Diözesansynoden durch und

ist die Hälfte seiner Amtszeit auf Pastoralreisen unterwegs. Die längste seiner Abwesenheiten von der Bischofsstadt beträgt fast sieben Jahre, was ihm eine Beschwerde beim König von Spanien einbringt. Doch seine Hingabe im bischöflichen Dienst und seine überzeugende Demut lassen die Beschwerdeführer nach und nach verstummen. Toribio hätte sich bei seinen Pastoralreisen nach damaliger Sitte tragen lassen können, er reitet aber mit dem Maultier oder geht zu Fuß die beschwerlichen Wege über die Höhen und durch die Täler der Anden. 1591 begründet er das Priesterseminar von Lima. Seine Priester müssen dort die Sprache der Indios lernen. Ihren pastoralen Dienst unter den Indios müssen sie in deren Sprache ausüben. Die Anzahl der Pfarreien erhöht er von 150 auf 240. Sein Bemühen um Priesterberufe wird reichlich belohnt. Er kann alle Stellen besetzen.
Auf seiner dritten Pastoralreise im Tal des Pasgasmayo angekommen, überfällt den 67jährigen Schwäche. Inmitten seiner Indios stirbt er am Gründonnerstag des Jahres 1606, am 23. März, während des Gebetes „Herr, in deine Hände empfehle ich meinen Geist." Die Seligsprechung dieses großen Erzbischofs und Apostels von Peru erfolgt im Jahre 1679, die Heiligsprechung im Jahre 1726.
Das Vorbild des hl. Toribio hat in der Erneuerungsbewegung der Kirche in Lateinamerika neue Aktualität erhalten. Am 23. März 1979, am Festtag des Heiligen, approbiert Papst Johannes Paul II. die Beschlüsse der Bischofsversammlung von Puebla, die den Weg der Kirche in der vorrangigen Entscheidung für die Armen und für die Jugend markieren soll.
Das Lebenswerk des hl. Bischofs Toribio hatte besonders durch die Beschlüsse des III. Konzils von Lima eine solche Spannweite, daß bei deren konsequenter Durchführung in der nachfolgenden Zeit einige pastorale Probleme von heute nicht in solcher Schärfe hervorgetreten wären.

Gottesdienst

Anliegen

Missionar und Apostel zu sein, ist Aufgabe des Christen.

Lied zum Beginn

GL 277 Singet, danket unserm Gott
bes. 4.: Folgt seinem Ruf

Persönliches Grußwort und liturgische Begrüßung

Christus, der uns mit Heiligem Geist herausfordert, unsere Welt zu verändern, sei mit euch!

oder

Unser Herr Jesus Christus, der uns in den Heiligen immer wieder das Zeugnis gelebter Hoffnung gibt, sei mit euch!

Einführung

Die lateinamerikanischen Bischöfe sagen über die Evangelisierung ihres Landes:
Der lebenspendende Grund, der alle vitalen Formen unserer Religiosität durchdrängt, wurde von einer großen Schar missionarischer Bischöfe, Ordensleute und Laien gelegt. Wir denken dabei vor allem an die Arbeit unserer Heiligen, wie Toribio de Mogrovejo, Rosa de Lima, Martin des Porres, Pedro Claver, Luis Beltrán und andere, die, indem sie die Schwäche und Feigheit der Menschen überwanden, die sie umgaben und die sie zuweilen verfolgten, zeigten, daß das Evangelium in seiner Fülle der Gnade und der Liebe in Lateinamerika gelebt wurde und noch heute gelebt werden kann als Zeichen geistlicher Gnade und göttlicher Wahrheit. *(6 Nr. 7)*

Seitdem im Jahre 1492 die Verkündigung der Frohen Botschaft in der Neuen Welt begonnen hat, gelangt der Glaube schon gut 20 Jahre später nach Mexiko. Nur wenig später entsteht das

erste Erzbistum unter der Leitung von Juan de Zumarraga, auf den andere große Gestalten von Verkündern der Frohen Botschaft folgen, die das Christentum bis in weit entfernte Gegenden verbreiten.
Andere nicht weniger glorreiche Lobgesänge werden in diesem Erdteil auf Männer angestimmt, wie auf den hl. Toribio von Mogrovejo und noch viele andere, die es verdienten, hier genannt zu werden. Die Verbreitung des Glaubens schreitet dann ohne Unterbrechung voran, und nach einem Jahrhundert der Verkündigung der Frohbotschaft gibt es auf dem neuen Kontinent mehr als 70 Bischofssitze mit 4 Millionen Christen. Ein einmaliger Vorgang, der sich über lange Zeit fortsetzt und bis zum heutigen Tag, nach fünf Jahrhunderten der Evangelisation, fast die Hälfte der ganzen katholischen Kirche umfaßt, die in der Kultur des lateinamerikanischen Volkes verwurzelt und Bestandteil seiner eigenen Identität ist.

Papst Johannes Paul II. in der Wallfahrtskirche von Guadalupe am 27. Januar 1979 (2,32f.)

Schuldbekenntnis

Wer nur so hell ist wie seine Umgebung, kann in ihr nicht leuchten.
Herr, erbarme dich unser.
Jeder kann das Dunkel dieser Welt ins rechte Licht rücken.
Christus, erbarme dich unser.
Wer alte und starre Formen aufbricht, eröffnet eine helle Zukunft.
Herr, erbarme dich unser.

Tagesgebet (Meßbuch 648)

Barmherziger Gott, durch die apostolische Arbeit des heiligen Bischofs Toribio und seinen Eifer für die wahre Lehre hast du in Lateinamerika die Kirche im Glauben gefestigt. Gib auch den Christen unserer Zeit neue Glaubenskraft und den Mut zu einem heiligen Leben. Darum bitten wir durch Jesus Christus.

Einleitung zur Lesung

Wir wollen die Grundwahrheiten der Evangelisierung verkünden: Christus, unsere Hoffnung, ist mitten unter uns. Ausgesandt vom Vater, belebt er mit seinem Geist die Kirche und bietet dem Menschen von heute sein Wort und sein Leben an, um ihn zu seiner umfassenden Befreiung hinzuführen. *(5 Nr. 166)*

Lesung (2 Tim 1,13-14; 2,1-3)

Bewahre das dir anvertraute Gut

Halte dich an die gesunde Lehre, die du von mir gehört hast; nimm sie dir zum Vorbild, und bleibe beim Glauben und bei der Liebe, die uns in Christus Jesus geschenkt ist. Bewahre das dir anvertraute kostbare Gut durch die Kraft des Heiligen Geistes, der in uns wohnt. Du, mein Sohn, sei stark in der Gnade, die dir in Christus Jesus geschenkt ist. Was du vor vielen Zeugen von mir gehört hast, das vertrau zuverlässigen Menschen an, die fähig sind, auch andere zu lehren. Leide mit mir als guter Soldat Christi.

Zwischengesang

GL 639 Ein Haus voll Glorie
bes. 2.: Zu Zeugen in der Welt
bes. 3.: Sein wandernd Volk will leiten
oder
GL 641 Gleichwie mich mein Vater gesandt hat

Einleitung zum Evangelium

Wir entscheiden uns für eine missionierende Kirche, die freudig dem Menschen von heute verkündet, daß er Kind Gottes in Christus ist; sie engagiert sich für die Befreiung des ganzen Menschen und aller Menschen (der Dienst am Frieden und an der Gerechtigkeit ist eine wesentliche Aufgabe der Kirche), und sie fügt sich solidarisch in die apostolische Tätigkeit der Universalkirche in einer innerlichen Gemeinschaft mit dem Nachfolger

Petri ein. Missionar und Apostel zu sein, ist Aufgabe des Christen. *(6 Nr. 1304)*

Evangelium (Mt 9,35-38)

Von der Größe der Ernte

Jesus zog durch alle Städte und Dörfer, lehrte in ihren Synagogen, verkündete das Evangelium vom Reich und heilte alle Krankheiten und Leiden. Als er die vielen Menschen sah, hatte er Mitleid mit ihnen; denn sie waren müde und erschöpft wie Schafe, die keinen Hirten haben. Da sage er zu seinen Jüngern: Die Ernte ist groß, aber es gibt nur wenige Arbeiter. Bittet also den Herrn der Ernte, Arbeiter für seine Ernte auszusenden.

Predigtstichworte

1. Vgl. Einleitung.

2. Aus der Ansprache des Papstes auf der 3. Generalversammlung der lateinamerikanischen Bischöfe in Puebla am 28. 1. 1979:
Es ist ein großer Trost für den obersten Hirten, feststellen zu können, daß ihr euch hier nicht versammelt wie ein Symposion von Experten, nicht wie ein Parlament von Politikern, nicht wie ein Kongreß von Wissenschaftlern oder Technikern – so bedeutend solche Zusammenkünfte auch sein mögen –, sondern in der Form einer brüderlichen Begegnung von Hirten der Kirche. Und als Hirten habt ihr das lebendige Bewußtsein dafür, was eure Hauptaufgabe ist, nämlich Meister der Wahrheit zu sein, nicht einer rein menschlichen und rationalen Wahrheit, sondern einer Wahrheit, die von Gott kommt und das Prinzip der authentischen Befreiung des Menschen in sich enthält: „Ihr werdet die Wahrheit erkennen, und die Wahrheit wird euch freimachen" (Joh 8,32). Diese Wahrheit ist die einzige, die eine solide Grundlage für die richtige „Praxis" bietet. *(2,50)*

3. Aus der Ansprache des Papstes an die 19. Vollversammlung des Lateinamerikanischen Bischofsrates (CELAM) in Port-au-Prince (Haiti) am 9. März 1983:
Fast genau fünf Jahrhundete sind es. In der Tat wird das Jahr 1992, das nicht mehr allzufern ist, das fünfhundertjährige Jubiläum der Entdeckung Amerikas und des Beginns der Evangelisierung brin-

gen. Als Lateinamerikaner werdet ihr dieses Datum mit einer ernsten Überlegung zur historischen Entwicklung des Subkontinents begehen, aber auch mit Freude und Stolz. Als Christen und Katholiken werdet ihr gerechterweise aus diesem Anlaß zurückblicken auf diese fünfhundert Jahre harter Arbeit, um das Evangelium zu verkünden und die Kirche in diesen Ländern aufzubauen. Ein Rückblick zugleich voller Dankbarkeit gegenüber Gott für die christliche und katholische Berufung Lateinamerikas und gegenüber all denen, die lebendige und aktive Werkzeuge der Evangelisierung waren. Ein Blick voller Treue gegenüber eurer Glaubensvergangenheit. *(4,120)*

Heute in Lateinamerika Bischof zu sein, bedeutet sehr oft, auch auf Kosten eines hohen Einsatzes an Zeit, Gesundheit und Talent, auf das sehnsüchtige geistige Suchen eines ganzen Volkes die angemessenen Antworten zu finden, um zu verhindern, daß dieses Volk anderswo um das Brot bettelt, das es vielleicht in seiner Kirche oder bei seinen Hirten nicht findet. *(4,115)*

4. Aus der Predigt des Papstes bei der Messe auf dem Marsfeld in Guatemala-City am 7. März 1983:
   Die Kirche war die Mutter und Lehrmeisterin, die euch den Glauben geschenkt und ihn durch das Amt der Päpste, der Nachfolger des hl. Petrus, genährt hat sowie durch die ständigen Bemühungen eurer eifrigen Bischöfe, das hochherzige Wirken eurer Priester und das selbstlose Engagement von Hunderten von Ordensleuten, Katecheten, Verkündigern und Familienvätern, die, über Küsten, Täler und Berge eilend, euch den Glauben lehrten und gemeinsam mit euch den Glauben an den Vater, den Sohn und den Heiligen Geist bekannten in Erfüllung des Gebotes des Herrn: „Geht hinaus in die ganze Welt und verkündet das Evangelium allen Geschöpfen!“ (Mk 16,15). *(4,69)*

Fürbitten

Christus sandte seine Kirche aus, um das Evangelium allen Menschen zu verkünden. Zu ihm rufen wir: Christus, stärke uns!

Priester und Lektor oder zwei Lektoren im Wechsel

Du suchst Menschen, die von dir sprechen und der Welt deine gute Botschaft weitersagen.
Hilf uns, Trägheit und Menschenfurcht zu überwinden und deine Zeugen zu werden.

Du befähigst uns schon in dieser Welt zu einem neuen Leben.
Sende uns deinen Geist und laß uns erfahren, daß du die Herzen der Menschen verwandelst.

Du willst, daß wir in deinem Namen die Hoffnung beleben, wo Traurigkeit die Menschen lähmt.
Stärke unter uns das Bewußtsein der Verantwortung füreinander, damit wir anfangen, brüderlich zu teilen und einander beizustehn.

Du bietest jedem Menschen deine Gnade an.
Bring uns heute zur Besinnung. Mach uns offen für dich.
Laß die ganze verlorene Menschheit hinfinden zu dir.

Auf die Fürbitte des heiligen Bischofs Toribio de Mongrovejo schenke uns in diesem Gottesdienste wahre Liebe, die den aufstrebenden Völkern besonders in Lateinamerika zu Hilfe kommt und ihre Sehnsucht nach deiner frohen Botschaft erfüllt. Durch Ihn, Christus, unseren Herrn.

Lied zur Gabenbereitung

GL 280 Preiset den Herrn
bes. 5.: In seinem Mahl
bes. 6.: Er sendet uns

Gabengebet (Meßbuch 1056)

Erhöre unser Gebet, o Herr, und nimm die Gaben deiner Kirche an. Erfülle alle Menschen mit deinem Geist und mache sie zu deinen Kindern. Hilf, daß die Liebe die Ungleichheit in der Entwicklung der Völker überwinde, damit die Menschheit deinen Frieden findet und zu einer Familie wird. Darum bitten wir durch Christus, unseren Herrn.

Präfation

Meßbuch 430 Von den Hirten der Kirche
„Das Wirken der heiligen Hirten für uns“

Einleitung zum Vaterunser

Gedenke unser, Herr, wenn du mit deinem Reich kommst, und laß uns heute beten, wie du einst deine Jünger gelehrt hast:

Zum Friedensgruß

Herr, erwecke deine Kirche, und fange bei mir an!
Herr, baue deine Gemeinde, und fange bei mir an!
Herr, laß Frieden überall auf Erden kommen, und fange bei mir an!
Herr, bringe deine Liebe und Wahrheit zu allen Menschen, und fange bei mir an! *Gebet eines chinesischen Christen*

Lied zur Kommunion

GL 634 Dank sei dir, Vater
bes. 4.: Aus allen Orten zu einer Kirche
bes. 5.: Als Zeugen seiner Liebe

Schlußgebet (Meßbuch 916)

Herr, unser Gott, das Sakrament, das wir empfangen haben, entzünde in uns jene Liebe, die den heiligen Bischof Toribio de Mongrovejo drängte, unermüdlich für deine Kirche zu arbeiten. Darum bitten wir durch Christus, unseren Herrn.

Schlußlied

GL 263 Dein Lob, Herr, ruft
bes.: Kein Land, kein Volk

Praktischer Hinweis

1. Literatur

Emil L. Stehle Hrsg., Zeugen des Glaubens in Lateinamerika, Matthias-Grünewald-Verlag, Mainz 1980.

Ders., Sie verteidigten die Menschenwürde, Topos-Taschenbücher, Bd. 123.

„Weltkirche", Dokumentationsdienst der Werke Adveniat, Misereor, Missio, 10mal jährlich, enthält auch neuere Dokumente aus der Kirche in Lateinamerika. Missio, Abt. Dokumentation, Pettenhoferstr. 26, 8000 München 2.

Predigten u. Ansprachen von Papst J. Paul II. bei seiner 6. Pastoralreise nach Lateinamerika (Venezuela, Ecuador, Peru, Trinidad).
Verlautbarungen des Apostolischen Stuhls, Heft Nr. 61, Sekretariat der Deutschen Bischofskonferenz, Kaiserstr. 163, 5300 Bonn 1.

Josef Höffner, Kolonialismus und Sozialethik, Trier 1972

2. Film

Botschaft an Atahualpa, 30 Min., 1967
Ein Tag mit Dionysius, 10 Min., 1968

3. Tonbild

Schwester Julia in Lima, 20 Min., 1978
(Tonbild und Filme beziehen sich auf die heutige Situation in Lima und die Arbeit der Kirche dort.), Adveniat.

JOSÉ DE ANCHIETA

(1534-1597)
9. Juni
Brasilien

Pionier der Evangelisierung

„Canarinho“, kleiner Kanari, nannten sie ihn wegen seiner wohlklingenden Stimme und seines Geburtsortes: Teneriffa, eine der Kanarischen Inseln.
Seit 1933 ehrt Brasilien seinen Nationalhelden, den Missionar José de Anchieta, mit einem eigenen Feiertag. Straßen, Plätze, Schulen, Kirchen tragen seinen Namen.
Die Briefe des großen Asienmissionars Franz Xavier bewogen ihn, 17jährig, sein Leben dem Dienste Gottes und der Menschen zu weihen. Er trat in die Gesellschaft Jesu ein und wollte für die Verkündigung des Evangeliums wirken. Während seiner Ausbildungszeit stürzte er so unglücklich von einer Leiter, daß er sich das Rückgrat verletzte und ernstlich erkrankte. Auf Anraten der Ärzte schickte ihn sein Ordensoberer nach Brasilien, damit er im guten Klima dieses Landes wieder genese. Aus diesem „Genesungsurlaub“ kehrte er nie zurück.
Sehr schnell erlernte Anchieta das schwierige Tupi-Guarani der Eingeborenen, die Verkehrssprache an der gesamten brasilianischen Küste, und studierte Leben und Eigenart der hautpsächlichsten Indianerstämme. Um die Evangelisierung zu erleichtern und wirksamer zu machen, schuf er eine Sprachlehre der Tupi-Guarani, gab Lexika und mehrere Glaubensbücher in dieser Sprache und deren Dialekten heraus. Seine Grammatik war so gut, daß sie noch nach über 300 Jahren neu aufgelegt wurde. Anchieta regte die Gründung von Eingeborenendörfern an und gründete selbst einige. Er richtete Schulen für die Indios ein, wo sie lernten und selbst auch lehrten. Es war eine Vorstufe der späteren Reduktionen. Auf diese Weise gelang es ihnen, sich gegenüber den Kolonisatoren besser zu schützen.
Von französischen Hugenotten aufgestachelt, planten die wilden Tamoyo-Indianer einen Überfall auf die Missionsstation São Vicente, wovon Anchieta rechtzeitig erfuhr. Er gab sich als Geisel in ihre Hand und versuchte in endlosen Gesprächen, ihr Vertrauen zu gewinnen. Oft war er in Gefahr, geröstet und verspeist zu werden. Vier Monate dauerte seine Gefangenschaft, bis er den Frieden vermitteln konnte. In dieser Zeit entstand sein berühmtes Gedicht zu Ehren der Jungfrau Maria. 5744 Verse in lateinischer Sprache, die er in den weißen Sand des Strandes

von Iperoya schrieb, auswendig lernte und später zu Papier brachte.
Eng verbunden mit ihm ist die Gründung von São Paulo (1560) und die von Rio de Janeiro (1565). Von Rio zog er weiter nach Bahia, wo er sein Theologiestudium zu Ende brachte und zum Priester geweiht wurde. Man ernannte ihn zum Oberen der Missionen von São Vicente und São Paulo. Später stand er der gesamten brasilianischen Ordensprovinz der Gesellschaft Jesu vor. Dieses Amt brachte weite, anstrengende Reisen mit sich. Wohin er auch kam, bestärkte er seine Mitbrüder, ermunterte sie zur Ausdauer, besprach mit ihnen ihre Pläne, entwickelte neue Initiativen und half bei deren Verwirklichung. Er kümmerte sich um die Kollegien und Schulen seines Ordens, besonders um das Missionsseminar, in dem die künftigen Glaubensboten vorbereitet wurden. Für sie schrieb er sein Buch: „Die christliche Glaubensunterweisung. Die Glaubensgeheimnisse, dargestellt in Zwiegesprächen, zum Nutzen der Indios“, das zahllosen Missionaren als Handbuch für Katechese und Predigt diente.
Vorschnell gealtert stellte er 1587 – als er sich dem Tode nahe glaubte – sein Amt zur Verfügung. Doch er erholte sich noch einmal und verbrachte die nächsten 10 Jahre seines Lebens als Missionar in Eingeborenendörfern. Hier verwirklichte er selbst, was er zuvor in Liedern besungen, in Büchern geschrieben und in Reformen angeordnet hatte.
José de Anchieta starb am 9. Juni 1597 im Dorf Reritiba, das später seinen Namen erhielt und im Bundesstaat Espirito Santo liegt. Viele Tage von seinen Indios beweint, wurde er von den Eingeborenen nach Vitória gebracht. Dort wurde er feierlich beigesetzt und erhielt den 1980 von Johannes Paul II. bestätigten Ehrennamen: Apostel Brasiliens.

Gottesdienst

Anliegen

Religiöse Geschichte wird durch heroische, dynamische und tapfere Missionare geschrieben. José de Anchieta war ein Pionier der Evangelisierung Brasiliens.

Lied zum Beginn

GL 644 Sonne der Gerechtigkeit
bes. 4.: Tu der Völker Türen auf
bes. 5.: Gib den Boten Kraft und Mut

Persönliches Grußwort und liturgische Begrüßung

Unser Vater Gott, der in Christus die Erde und alle Menschen liebt, sei mit euch!

oder

Unser Herr Jesus Christus, Heiland und Retter für alle Menschen, sei mit euch!

Einführung

Gott segne euch Brasilianer!
Aus dem Grußwort von Papst Johannes Paul II. bei der Ankunft in Brasilia am 30. Juni 1980:
Eure religiöse Geschichte – und so viele Male eure Geschichte als Nation! – wurde durch heroische, dynamische und tapfere Missionare geschrieben und durch den Einsatz von Gott und den Menschen, ihren Brüdern, ergebenen Dienern fortgesetzt. Alle ließen tiefe Spuren in der brasilianischen Seele und Zivilisation zurück.
Es freut mich, daß eine Reihe von Ereignissen als Rahmen meines Besuches dienen: Mit euch freue ich mich für die Ehre der Altäre, die einem Pionier der Evangelisierung eures Volkes, dem seligen José de Anchieta, verliehen wurde. *(3 10.9)*

Schuldbekenntnis

Herr Jesus Christus, du hast jeden Menschen als Schwester und Bruder erkannt und respektiert.
Herr, erbarme dich unser.
Du hast den Menschen die Augen geöffnet für Vorurteile, Selbstgerechtigkeit und Hartherzigkeit angesichts fremden Leids.
Christus, erbarme dich unser.
Durch deine Auferstehung sind wir aus Angst und Hoffnungslosigkeit zu Freude und Zuversicht befreit.
Herr, erbarme dich unser.

Tagesgebet (aus dem brasilianischen Meßformular)

Gieße aus, o Herr, deine Gnade über uns, damit wir nach dem Beispiel des seligen José de Anchieta treu dem Evangelium dienen und uns bemühen, allen alles zu werden, um neue Brüder in der Liebe Christi zu gewinnen. Darum bitten wir dich durch Christus, unseren Herrn.

Einleitung zur Lesung

„Aus diesem Grund, ohne uns durch die Windstille, die Stürme, die Regenfälle, die schäumenden und heftigen Strömungen der Flüsse erschrecken zu lassen, suchen wir ohne Rast alle Weiler und Dörfer auf, sei es der Indianer, sei es der Portugiesen; und auch zur Nacht laufen wir zu den Kranken, wobei wir dunkle Wälder durchlaufen unter großen Entbehrungen, sowohl durch die Unbill der Wege wie des Wetters."

Aus einem Brief von P. José de Anchieta
an seinen Vorgesetzten (3.68)

Lesung (1 Kor 9,16-19; 22-23)

Ein Auftrag ist mir anvertraut

Meine Brüder, wenn ich das Evangelium verkünde, kann ich mich deswegen nicht rühmen; denn ein Zwang liegt

auf mir. Weh mir, wenn ich das Evangelium nicht verkünde! Wäre es mein freier Entschluß, so erhielte ich Lohn. Wenn es mir aber nicht freisteht, so ist es ein Auftrag, der mir anvertraut wurde.
Was ist nun mein Lohn? Daß ich das Evangelium unentgeltlich verkünde und so auf mein Recht verzichte.
Da ich also von niemand abhängig war, habe ich mich für alle zum Sklaven gemacht, um möglichst viele zu gewinnen. Allen bin ich alles geworden, um auf jeden Fall einige zu retten. Alles aber tue ich um des Evangeliums willen, um an seiner Verheißung teilzuhaben.

Zwischengesang

GL 297 Gott liebt diese Welt
oder
GL 519 Komm her, freu dich mit uns
bes. 2.: Erkenne im Bruder den Herrn

Einleitung zum Evangelium

Die ganze unermeßliche Arbeit, die von Pater José de Anchieta unter Mithilfe so vieler, meist unbekannter, aber gleichermaßen bewundernswerter Mitbrüder geleistet wurde, war von einer Zielvorstellung und einem Geist geführt: der integralen Zielvorstellung von den durch Christi Blut erlösten Menschen und dem missionarischen Geist, der alles tut, damit die Menschen, denen er sich nähert, um ihnen zu helfen, sie zu unterstützen und zu erziehen, die Fülle des christlichen Lebens erlangen. *(3,69f.)*

Evangelium (Mt 28,16-20)

Der Auftrag des Auferstandenen

In jenen Tagen gingen die elf Jünger nach Galiläa auf den Berg, den Jesus ihnen genannt hatte. Und als sie Jesus sahen, fielen sie vor ihm nieder. Einige aber hatten Zweifel.
Da trat Jesus auf sie zu und sagte zu ihnen: Mir ist alle

Macht gegeben im Himmel und auf der Erde. Darum geht zu allen Völkern, und macht alle Menschen zu meinen Jüngern; tauft sie auf den Namen des Vaters und des Sohnes und des Heiligen Geistes, und lehrt sie, alles zu befolgen, was ich euch geboten habe. Seid gewiß: Ich bin bei euch alle Tage bis zum Ende der Welt.

Predigtstichworte

1. Aus der Ansprache des Papstes Johannes Paul II. bei der Begegnung mit dem brasilianischen Präsidenten in Brasilia am 1. Juli 1980: Im historischen Charakterbild dieses edlen Volkes will ich drei Züge hervorheben:
   – die wohlbekannte brasilianische Fähigkeit, Völker und Werte verschiedener Herkunft zu integrieren, die alle zu den Charaktereigenschaften der Offenheit und Universalität in der Kultur dieses Landes beitragen;
   – die Evangelisierung, die in solchen Formen und mit solcher Stetigkeit durchgeführt wurde, daß sie tiefe Spuren im Leben dieses Volkes hinterlassen hat, indem sie ihm zweifellos in dem Maß, wie es der Mission der Kirche zusteht, erhellende Weisungen, Normen und moralische und geistige Energien zuführte, auf denen die menschliche und nationale Gemeinschaft begründet wurde;
   – der jugendliche Lebenswille der Bevölkerung mit seinen achtbaren Traditionen und besonderen Fähigkeiten; sichere Gewähr dafür, daß die Nation die Hindernisse überwindet, die sich ihr auf dem Weg der Geschichte, in der Richtung zu einem besseren Morgen entgegenstellen. *(22,19f.)*

2. Aus der Predigt des Papstes bei der Messe zu Ehren des seligen José de Anchieta in São Paulo am 3. Juli 1980:
   Ist Pater Anchieta als Soldat auf Suche nach Ruhm, als Eroberer auf Suche nach Ländern oder als Händler auf Suche nach guten Geschäften und Geld gekommen? Nein! Er kam als Missionar, um Jesus Christus zu verkünden, um das Evangelium zu verbreiten. Er kam mit dem einzigen Ziel, die Menschen zu Christus zu führen, sie zum Leben als Kinder Gottes, die für das ewige Leben bestimmt sind, anzuleiten. Er kam, ohne etwas für sich zu fordern; im Gegenteil, er war bereit, sein Leben für sie hinzugeben.
   An dieser Stelle will ich mich an euch, Jugendliche von São Paulo, Jugendliche von ganz Brasilien, der großen Nation, die „jung“ genannt werden kann, da ja ihre Bevölkerung einen so hohen

Prozentsatz an jungen Menschen aufweist, wenden: Schaut auf euren Anchieta!
Er war jung wie ihr, aber offen für Gott und seinen Ruf. Er war voller Leben wie ihr, aber die Antwort des Lebens suchte er im Gebet. Und in diesem Kontakt mit dem lebendigen Gott fand er den Weg, der zum wahren Leben führt, zu einem Leben in Liebe zu Gott und den Menschen.
Der Herr, der auf der Erde lebte, durch alle Städte und Dörfer zog, alle Krankheiten und Leiden heilte (vgl. Mt 9,35), zieht noch heute vorbei auf der Suche nach Herzen, die offen für seine Einladung sind: „Komm und folge mir nach!" *(Mt 19,21; Lk 10.2).*
Anchieta gelang es, die Mentalität und die Sitten des Volkes zu verstehen. In seinem klugen sozialen Wirken, das sich am Evangelium orientierte und in ihm wurzelte, verstand er, eine Entwicklung zu fördern, in die alles, was echt menschlich und deshalb von Gott gewollt ist, in das persönliche Leben wie das der bürgerlichen und christlichen Gemeinschaft integriert wurde.
Weil er den Wissensdurst der „Brasis" schätzte, ihre auffallende Begabung für Musik, ihre Gewandtheit und andere Talente, schuf er für sie kulturelle und handwerkliche Ausbildungszentren, die nach und nach zur Hebung des allgemeinen Niveaus derr künftigen Generationen beitrugen: São Paulo, Olinda, Bahia, Porto Seguro, Rio de Janeiro, Reritiba – wo er starb und das sich heute Anchieta nennt – sind Plätze, die gemeinsam mit anderen nicht genannten uns von der unermüdlichen apostolischen Tätigkeit des Seligen sprechen. *(22,66f.)*

Fürbitten

Guter Vater, du hast deinen Sohn Jesus Christus in die Welt gesandt, daß er alles erneuere. Auf die Fürsprache des seligen José de Anchieta höre unser Gebet für unsere indianischen Brüder:
Schenk uns das Leben in Christus!

Wir bitten dich für alle Indios in Lateinamerika. Sieh an ihre Nöte und Ängste, vermehre ihren Glauben und schenke ihnen ein Herz, bereit zu verzeihen und stark in der Hoffnung . . .

Wir bitten dich für jene, welche die Entscheidungen fällen. Gib ihnen Einsicht, daß sie die Situation der Indios erkennen, ihre Rechte und Werte beschützen und mit der Kirche zusammenarbeiten zum Wohl und Heil der indianischen Völker Lateinamerikas . . .

Wir bitten dich für alle Missionare und Helfer unserer indianischen Brüder. Stärke sie in den Widerwärtigkeiten durch die Kraft des heiligen Geistes und laß sie nicht müde werden, den Indios deine Frohe Botschaft zu verkünden und sie gemeinsam mit ihnen zu leben . . .

Wir bitten dich besonders für die indianische Jugend. Erwecke in ihr junge Menschen mit Führungsfähigkeiten, daß sie sich ganz dem Dienst an ihren Brüdern weihen und die menschlichen und geistlichen Werte ihrer eigenen Kultur einbringen und fruchtbar machen beim Aufbau der Zivilisation der Liebe . . .

Guter Vater, wir danken dir, weil du uns schon geliebt hast, als wir noch Sünder waren; schenk uns die Gnade, in Wahrheit zu lieben, die Mauern des Mißtrauens niederzureißen und in jedem Menschen den Bruder zu sehen, für den Christus sein Leben hingegeben hat. Du, der du lebst und herrschst in Ewigkeit.

Seminaristen aus Neuquen/Argentinien,
Missio-Adveniat-Gebetsring, Nr. 15

Lied zur Gabenbereitung

GL 617 Nahe wollt der Herr uns sein
oder
GL 493 Lob sei dem Herrn

Gabengebet (Meßbuch 1056

Erhöre unser Gebet, o Herr, und nimm die Gaben deiner Kirche an. Erfülle alle Menschen mit deinem Geist und mache sie zu deinen Kindern. Hilf, daß die Liebe die Ungleichheit in der Entwicklung der Völker überwinde, damit die Menschheit deinen Frieden findet und zu einer Familie wird. Darum bitten wir durch Christus, unseren Herrn.

Präfation (Meßbuch 116)

Die Erleuchtung des Menschen durch Christus

Einleitung zum Vaterunser

Gedenke unser, Herr, wenn du mit deinem Reich kommst, und laß uns heute beten, wie du einst deine Jünger gelehrt hast:

Zum Friedensgruß

Jemand die Hand reichen, heißt: Ich bin ohne Waffen gekommen, Ich bin dir gut gesinnt. Ich meine es gut mit dir. Ich wünsche, daß wir keine Feinde sind/bleiben . . .
Jemand umarmen, heißt: Du bist mein Gast. Mein Haus gehört auch dir. Ich mag dich, Ich hab dich gern, du bist mein Freund . . .
Jemand küssen, heißt: Du bist mir sympathisch. Ich wünsche, daß auch du mich magst. Ich liebe dich . . .
Jemand die Hand auflegen, heißt: Ich wünsche dir Gutes. Ich erflehe dir Heil. Gott möge mit dir sein . . .

(Adalbert Ludwig Balling CMM)

Lied zur Kommunion

GL 637 Laßt uns loben, Brüder, loben
bes. 3.: Daß wir allen Zeugnis geben

Schlußgebet (Meßbuch 529,13)

Gütiger Gott, das Opfer deines Sohnes ist die Sühne für die Schuld der Welt und Heilskraft für das neue göttliche Leben in uns. Wir danken dir, daß wir ihn empfangen durften im heiligen Mahle. Gib, daß wir nun selber Boten seiner Liebe werden, damit die Welt immer mehr das Heil finde in ihm, unserem Herrn Jesus Christus, der mit dir lebt und herrscht in alle Ewigkeit.

Schlußlied

GL 595 Maria, breit den Mantel aus
bes. 2.: Die ganze Christenheit
oder
GL 261 Den Herren will ich loben
bes. 2.: Die Schwachen nimmt er an
(nach dem Magnifikat)

Praktischer Hinweis

1. Literatur

Marcello de Carvalho Azevedo, José de Anchieta, Apostel Brasiliens, in: Zeugen des Glaubens, Mainz 1980, und in: Sie verteidigten die Menschenwürde, Mainz 1982, hrsg. v. Emil L. Stehle.

Bruno Moser (Hrsg.), José de Anchieta, Josef Glazik, in: Große Gestalten des Glaubens, Bonn 1983, S. 296-299.

Die Brüder im Glauben stärken, Berichte und Dokumente über die Reise des Papstes 1980 nach Brasilien, 94 S., ADVENIAT, Dokumente/Projekte, Heft Nr. 20.

Laercio D. de Moura, Jesuiten bei der ersten Evangelisierung Lateinamerikas, in: Jesuiten-Jahrbuch 1979-80.

Philip Caramann, Ein verlorenes Paradies, Der Jesuitenstaat in Paraguay, München 1979.

Heinrich Krauss/Anton Täubl, Mission und Entwicklung, Der Jesuitenstaat in Paraguay, fünfteiliger Kurs im Medienverbund, München 1979.

Kirche und Campesinos, 92 S., ADVENIAT, Dokumente/Projekte, Heft Nr. 18.
Kirche und Indianer, 112 S., ADVENIAT, Dokumente/Projekte, Heft Nr. 13.

Wir brauchen Grund und Boden, 128 S., ADVENIAT, Dokumente/Projekte, Heft Nr. 22.

Hoffnung der Kirche, 70 S., ADVENIAT, Dokumente/Projekte, Heft Nr. 27.
Evangelisierende Kirche in den großen Städten Lateinamerikas, 52 S., ADVENIAT, Dokumente/Projekte, Heft Nr. 28.

Tagebuch eines Wanderapostels, P. Adolf Temme OFM, 51 S., ADVENIAT, Zeugnisse/Berichte/Kommentare, Heft Nr. 2.

Die soziale Dimension der Katechese, Kardinal Aloísio Lorscheider, 24 S., ADVENIAT, Zeugnisse/Berichte/Kommentare, Heft Nr. 6.

Länderheft Brasilien, 32 S., MISEREOR.
Der Nordosten – Eine Herausforderung für die Kirche in Brasilien, MISEREOR.

2. Film

So leben wir in Rio! (Schuhputzer) 15 Min., 1977.
Fischfang in Olinda, 30 Min., 1975.
Gute Nachricht – Brüder! 13 Min., 1974, Basisgemeinschaften auf der Amazonasinsel Marajó.
Mehr als Zuckerrohr, 15 Min., 1974, Landwirtschaftliches Modellprojekt von Guaretama.
Dom Helder Camara, 30 Min., 1970.
Basisgemeinden in Tutoya, 30 Min., 1973.
Umbanda – Religion in Brasilien, (FWU) 24 Min., 1973.
Ein Paradies für Indios – Der Jesuitenstaat von Paraguay, (FWU), 23 Min., 1976.
Bitterer Zucker, 43 Min., 1983, Brot für die Welt.

3. Tonbild

Volk Gottes in Bacabal, ADVENIAT
Juruti – eine Pfarrei am Amazonas, ADVENIAT
Neue Zeitrechnung auf der Insel Marajó, ADVENIAT
Gemeinsam sind wir stark, MISEREOR.

4. Sprechkassette

Soziales Engagement in der Mitte des Glaubens, Kardinal Aloísio Lorscheider, Deutscher Katechetenverein, München, s. auch Literatur.

MIGUEL FEBRES CORDERO

(1854-1910)
9. Februar
Ecuador

Die Unwissenden lehren

Seinen Eltern wäre es am liebsten gewesen, er hätte die Laufbahn eines Priesters eingeschlagen. Die Familie, die in Cuenca, Ecuador, zur Oberschicht gehörte und durch den Großvater, Leon Febres Cordero, den Befreier der Stadt Guayaquil, hohes politisches Ansehen genoß, erhoffte sich für ihren ältesten Sohn Francisco das Amt eines Prälaten oder eines Bischofs.

Francisco Febres Cordero, am 7. November 1854 in Cuenca geboren, spürte in seinem Herzen den Ruf Gottes, schlichter Schulbruder zu werden und als Erzieher der Jugend zu dienen. Nach schmerzlichen Auseinandersetzungen, besonders mit seinem Vater, einem geachteten Geschäftsmann und Lehrer für Sprachen, tritt Francisco mit 14 Jahren in die Gemeinschaft der christlichen Schulbrüder ein, die erst wenige Jahre zuvor vom Präsidenten der Republik nach Ecuador gerufen worden waren. Bei seiner Aufnahme ins Noviziat (1868) erhält er den Namen Miguel (Michael). Ein Jahr später wird er zum Weiterstudium nach Quito geschickt, um dort auch als Lehrer zu arbeiten.

38 Jahre ist Bruder Miguel in dieser Stadt tätig als Erzieher, Katechet, Verfasser von Schulbüchern, Übersetzer und Dichter. Er wird geehrt und geliebt wegen seiner Güte, seiner pädagogischen Weisheit, seines Wissens, seines Sprachtalents und vor allem wegen seines apostolischen Eifers und seiner aufrichtigen Frömmigkeit. Bei all diesen Tätigkeiten hatte Bruder Miguel ständig unter einer schweren körperlichen Behinderung zu leiden. Seine Füße waren von Geburt an mißgebildet und hinderten ihn bis zum fünften Lebensjahr, überhaupt das Laufen zu lernen. Durch eine Erscheinung der Gottesmutter, die er als Kind erfuhr, gelang es ihm ganz allmählich und mühsam, aufzustehen und sich auf den Füßen fortbewegen zu können.

Eine Professur an der Universität von Quito lehnt er ab. Als Anerkennung für das Wirken der Schulbrüder in Ecuador nimmt er mit Freude die Aufnahme in die ecuadorianische Sprachakademie an. Ehrungen aus Venezuela, Frankreich und Italien folgen.

Höhepunkt in seinem Leben ist die Teilnahme an der Seligsprechung des Ordensstifters Johann Baptist La Salle am 19. Februar 1888 in Rom.
Revolutionäre Umstürze in Ecuador drohen das Werk der Schulbrüder zu vernichten. Sie werden aus dem Schulgebäude „Beaterio“ vertrieben, ein großer Teil der Novizen und jungen Brüder verläßt die Ordensgemeinschaft. Mit Unterstützung des Erzbischofs setzen Bruder Miguel (Leiter der Schule und des Noviziats) und 22 weitere Brüder in der Schule „El Cebollar“ die Erziehungsarbeit für mehr als tausend Jahre fort.
Die große pädagogische Verantwortung der christlichen Schulbrüder in vielen Ländern macht es notwendig, eine Schulbuchredaktion in Europa zu begründen, in der auch Bruder Miguel tätig sein soll. Schmerzlich ist der Abschied von der geliebten Heimat, den Schülern und den Mitbrüdern. Im Jahr 1907 kommt er zunächst nach Belgien, wo er als Autor und Übersetzer tätig ist und auch die für Lateinamerika bestimmten Schulbrüder ausbildet. Seine sensible Gesundheit erfordert einen Wechsel nach Spanien, nach Premia del Mar in der Nähe von Barcelona. 1909 muß er mit seinen Schülern vor den Aufständischen fliehen. Anfang Februar 1910 wird Bruder Miguel krank und gibt am 9. des Monats sein Leben in die Hand Gottes zurück.
Zunächst auf dem Friedhof in Premia bestattet, wird er nach 15 Jahren in der Kapelle des Noviziatshauses beigesetzt. Als während des spanischen Bürgerkrieges der Sarg aufgebrochen und die Gebeine verstreut werden, gelingt es, die Überreste nach Ecuador zu überführen. In einem wahren Triumphzug werden die Gebeine von Guayaquil nach Quito gebracht und im alten Noviziatshaus beigesetzt.
Die ecuadorianische Regierung ehrt Bruder Miguel mit einem imposanten Denkmal und ernennt ihn 1977 zum Vorbild der christlichen Lehrer.
Bruder Miguel, der im Kleinen groß, im Alltag treu und in seinen Beschwerden tapfer gewesen ist, wird am Ende der römischen Bischofssynode über die Katechese am 30. Oktober 1977 von Papst Paul VI. seliggesprochen. Die Heiligsprechung nimmt Papst Johannes Paul II. am 21. Oktober 1984 in Rom vor, neun Tage nachdem er in Santo Domingo auf die großen Vorbilder der Evangelisierung Lateinamerikas hingewiesen hat.

Gottesdienst

Anliegen

Die auf die religiöse und kulturelle Bildung der Jugend verwendete Zeit ist von großer Bedeutung für das Leben der Kirche und der Gesellschaft.

Lied zum Beginn

GL 612 Herr, sei gelobt durch deinen Knecht
bes. 1.: Im Herzen trug er dein Gebot
bes. 3.: Gefüllt die leeren Hände
oder
GL 640 Gott ruft sein Volk zusammen
und feiern seinen Tod . . .

Persönliches Grußwort und liturgische Begrüßung

Gnade und Friede von Gott, unserem Vater, der durch Christus zum Dienste an den Menschen ruft, sei mit euch!

oder

Unser Herr Jesus Christus, nach dessen Beispiel der heilige Miguel Febres Cordero den Mitmenschen mit seiner Sorge und Liebe nahe war, sei mit euch!

Einführung

Aus der Ansprache des Papstes Johannes Paul II. an die Jugend im Olympiastadion in Quito (Ecuador) am 30. Januar 1985:
Die Option für Christus und für den Menschen, in seinem Licht betrachtet, hat in der Jugend von Ecuador wertvolle und eifrige Nachfolger gefunden. In den Felsschluchten des nahen und majestätischen Pichincha gab ein junger Held sein Leben und eroberte seinem Volk das große Gut der Freiheit. Das war Abdón Calderón. In dieser gleichen Heimat opferte eine junge Heilige, Mariana de Jesus, beispielhaft in blühender Jugend ihr Leben.

Der hl. Bruder Miguel, der erst kürzlich zur Ehre der Altäre erhoben wurde, widmete sein Leben von Jugend auf ausschließlich der Hinführung der Kinder zu Christus. Mercedes de Jesus Molina, die ich seligsprechen werde, sorgte sich auch um die arme und verlassene Jugend. Und so zögerten Tausende und aber Tausende von jungen Menschen in Ecuador und der ganzen Welt nicht, ihr Leben aus Liebe zu Gott hinzugeben, wobei sie oft still und unbekannt blieben. *(9,73)*

Schuldbekenntnis

Wollt ihr euch traurig von Christus abwenden, um euch im sterilen Egoismus des Reichtums oder des unbeweglichen Herzens zu verschließen?
Herr, erbarme dich.
Oder wollt ihr den Mitmenschen lieben und ihm auch unter Opfern eure Solidarität, Arbeit und Hilfe schenken, damit er menschlicher, freier, offener für Gott, kultivierter und brüderlicher sein kann?
Christus, erbarme dich.
Christus erwartet von euch diesen Beweis der Menschenliebe, weil er sich den Menschen in seiner humanen und geistlichen Dimension immer würdiger wünscht, so auch in seinem Durst nach Gerechtigkeit und erlösender Gnade, in seinem Bestreben nach Befreiung von der Sünde und von den Zwängen, die seine Würde bedrohen.
Herr, erbarme dich. *Vgl. Papstansprache, 9,73*

Tagesgebet (Meßbuch 950)

Gott, du teilst in deiner Kirche jedem seine Aufgabe zu. Den heiligen Bruder Miguel hast du berufen, jungen Menschen den Weg des Heiles zu zeigen. Durch sein Beispiel hilf uns, Christus, unserem Lehrer und Meister, nachzufolgen und in der Gemeinschaft seiner Jünger zu dir zu gelangen. Darum bitten wir durch Jesus Christus.

Einleitung zur Lesung

Als treuer Jünger Jesu trat Bruder Miguel in seinem Leben für die Lehre des Meisters ein: „Wer der Erste sein will, soll der Letzte von allen und der Diener aller sein“ (Mk 9,35). Darum widmete er im Geist des Dienstes am und der Liebe zum Nächsten lange Jahre der Arbeit und Anstrengung der Veröffentlichung didaktischer Werke, aufgrund welcher Arbeit er – bereits am Ende seines Lebens – nach Europa gerufen wurde und sein geliebtes Land verlassen mußte.
Sein Ruf als Mann der Kultur wuchs, bis er schließlich zum Mitglied der ecuadoranischen Sprachakademie ernannt wurde. Doch weder diese Ehre noch sein anerkannter Ruf als Meister der Sprache vermochten seine Demut und Schlichtheit zu trüben, mit denen er an alle herantrat. Denn er war davon überzeugt, daß „Gott das Törichte in der Welt erwählt hat, um die Weisen zuschanden zu machen“ (1 Kor 1,27).

Aus der Predigt des Papstes bei der Heiligsprechung,
L'Osservatore Romano, deutsche Ausgabe vom 16. Nov. 1984

Lesung (1 Kor 1,26-31)

Das Törichte hat Gott erwählt

Seht doch auf eure Berufung, Brüder! Da sind nicht viele Weise im irdischen Sinn, nicht viele Mächtige, nicht viele Vornehme, sondern das Törichte in der Welt hat Gott erwählt, um die Weisen zuschanden zu machen, und das Schwache in der Welt hat Gott erwählt, um das Starke zuschanden zu machen. Und das Niedrige in der Welt und das Verachtete hat Gott erwählt: das, was nichts ist, um das, was etwas ist, zu vernichten, damit kein Mensch sich rühmen kann vor Gott. Von ihm seid ihr in Christus Jesus, den Gott für uns zur Weisheit gemacht hat, zur Gerechtigkeit, Heiligung und Erlösung. Wer sich also rühmen will, der rühme sich des Herrn, so heißt es schon in der Schrift.

Zwischengesang

GL 548 Die einen fordern Wunder
Wir verkünden Christus den Gekreuzigten
(nach 1 Kor 1,22-30)

oder

GL 644 Sonne der Gerechtigkeit
bes. 5.: Gib den Boten Kraft und Mut

Einleitung zum Evangelium

Der Orden, dem Bruder Miguel als Mitglied angehörte, hatte als Motto seines apostolischen und erzieherischen Wirkens die Worte des Evangeliums: „Wer ein solches Kind um meinetwillen aufnimmt, der nimmt mich auf."
Diese Worte waren für Bruder Miguel eine Lebensregel, eine ständige Aufforderung in seiner Berufung als Erzieher. Seine sämtlichen Bemühungen hatten zum Zielpunkt die vollständige Erziehung der jungen Generationen, wobei er sich von der Überzeugung leiten ließ, daß die auf die religiöse und kulturelle Bildung der Jugend verwendete Zeit von großer Bedeutung für das Leben der Kirche und der Gesellschaft ist.

Aus der Predigt bei der Heiligsprechung

Evangelium (Mk 9,33-37)

Der Rangstreit der Jünger

Sie kamen nach Kafarnaum. Als er dann im Haus war, fragte er sie: Worüber habt ihr unterwegs gesprochen? Sie schwiegen, denn sie hatten unterwegs miteinander darüber gesprochen, wer (von ihnen) der Größte sei. Da setzte er sich, rief die Zwölf und sagte zu ihnen: Wer der Erste sein will, soll der Letzte von allen und der Diener aller sein. Und er stellte ein Kind in ihre Mitte, nahm es in seine Arme und sagte zu ihnen: Wer ein solches Kind um meinetwillen aufnimmt, der nimmt mich auf; wer aber mich aufnimmt, der nimmt nicht nur mich auf, sondern den, der mich gesandt hat.

Predigtstichworte

1. Aus der Ansprache von Papst Johannes Paul II. an die Bischöfe des Lateinamerikanischen Bischofsrates in Santo Domingo am 12. Oktober 1984:
   Eine bezeichnende Tatsache der Geschichte ist, daß die erste Evangelisierung wesentlich die kulturgeschichtliche Identität Lateinamerikas markiert hat.
   Ein Nährboden, der eine bewundernswürdige Zahl von Heiligen erreichte in so vorbildlichen und ihrem Volk so nahen Gestalten wie Toribio de Mogrovejo, Rosa de Lima, Martin de Porres, Jean Macias, Pedro Claver, Francisco Solano, Luis Beltrán, José de Anchieta, Marianita de Quito, Roque Gonzáles, Pedro de Bethancur, Bruder Miguel Febres Cordero und anderen.
   Ein Nährboden von unleugbarer Lebenskraft und aktueller Jugend; der nach wirksamen Formen der Einfügung in die heutige Gesellschaft sucht; der eine erneuerte und von Hoffnung erfüllte Evangelisierung erwartet, um den eigenen Glaubensreichtum zu neuem Leben zu wecken und starke Kräfte tiefchristlichen Ursprungs anzuregen; um imstande zu sein, ein neues Lateinamerika aufzubauen, das, in seiner christlichen Berufung gestärkt, frei und brüderlich, gerecht und friedvoll, Christus und dem lateinamerikanischen Menschen treu ist. *(9,222)*

2. Aus der Ansprache des Papstes an die Repräsentanten der Welt der Kultur in Quito (Ecuador) am 30. Januar 1985:
   Das alles ist nicht nur Erinnerung an die Vergangenheit. Es ist Bemühen in der Gegenwart und Herausforderung für die Zukunft, die die schwere Verpflichtung einschließt, die die Söhne und Töchter der Kirche zur Fortführung der Evangelisierung der Kultur übernommen haben. Sie müssen fortfahren, den Glauben in der Kultur zu verkörpern, denn, so habe ich es bei anderer Gelegenheit gesagt: der Glaube, der sich nicht in Kultur umsetzt, ist ein nicht gänzlich angenommener, nicht voll durchdachter, ein nicht in ganzer Treue gelebter Glaube.
   Deshalb ist es mir angenehm, daran zu erinnern, daß am Firmament der Kultur der Stern eines illustren ecuadorianischen Ordensbruders leuchtet. Ich spreche vom hl. Bruder Miguel, dem Akademiker, Erzieher und Katecheten, den heiligzusprechen ich erst kürzlich die Ehre hatte. *(9,84f.)*

3. Aus der Ansprache des Papstes an die Jugend im Olympiastadion in Quito (Ecuador) am 30. Januar 1985:
   Bei eurem Treffen und bei anderen Einkehrtagen habt ihr gesehen, daß die ecuadorianische Jugend kein Opfer der Droge, des Alkoho-

lismus, des Sex, der Gewalt, der systematischen Entfremdung von Gott oder eines Erziehungssystems, das die Religion offiziell nicht berücksichtigt, werden darf. Ihr habt auch festgestellt, daß die heutige Jugend in einer Konfliktwelt lebt, die voll von Problemen wie Macht, Wettbewerb und Massenkonsum ist. Darum wollt ihr zu Recht gegenüber dem Wettrüsten, dem Rassismus, den Verletzungen der Menschenrechte und der Würde des Menschen kritisch bleiben. Darum fühlt ihr wie am eigenen Leib die schwerwiegenden Probleme eurer an den Rand gedrängten Brüder, besonders der Indios und Gebirgsbewohner. Ihr leidet mit euren Eltern, Brüdern und Kameraden unter der schwierigen wirtschaftlichen Lage. Dort müßt ihr die wahre Liebe zur Welt beweisen, eure Liebe, Jugendliche, durch die ihr den Bösen besiegen wollt (vgl. 1 Joh 2,14). *(9,74)*

Fürbitten

Herr, die Ernte ist groß, der Arbeiter aber sind wenige in Lateinamerika. Auf die Fürbitte des heiligen Bruder Miguel rufen wir zu dir:
Herr segne dein Volk!
Wir bitten dich:

für alle, die Glück und Selbstverwirklichung suchen und nicht finden können. Laß sie erfahren, daß dein Ruf den Weg zeigt, glücklich zu werden und andere glücklich zu machen . . .

für alle jungen Menschen, die sich deinem besonderen Dienst und dem der Brüder weihen möchten. Laß sie erfahren, daß sie von dir, dem Herrn der Ernte, persönlich angesprochen und berufen sind . . .

für alle, die sich der Weiterführung des von dir begonnenen Werkes geweiht haben. Laß sie vor den Schwierigkeiten nicht mutlos werden, sondern ihre Brüder im Glauben und in der Liebe stärken . . .

für die Kirche in Lateinamerika. Möge die Verehrung zu Unserer Lieben Frau von Guadalupe ihr helfen, die geistlichen Berufungen mehr zu schätzen und zu fördern . . .

für alle, die du ansprichst und bei denen du anklopfst. Laß sie dir ohne Angst antworten: „Hier bin ich, sprich Herr, dein Diener hört." . . .

Herr Jesus Christus, der du uns zum Leben mit dir und zur Mitarbeit am Aufbau deines Reiches gerufen hast, erwähle viele von uns zu deinem besonderen Dienst. Gib uns den Mut, ja zu sagen und treu zu bleiben.

Gebet der Seminaristen von Guadalajara, Mexiko,
Missio-Adveniat-Gebetsring, Nr. 18

Lied zur Gabenbereitung

GL 622 Hilf Herr, meines Lebens
oder
GL 634 Dank sie dir, Vater
bes. 3.: Essen von dem Mahle
bes. 4.: Aus vielen Körnern

Gabengebet (Meßbuch 351,12)

Herr und Gott, sieh mit Wohlgefallen auf die Gaben, die wir dir im Namen deiner Kirche bereitet haben. Wie der heilige Bruder Miguel, dessen Gedächtnis wir feiern, in einem Leben der Hingabe deinen Auftrag erfüllte, so hilf auch uns durch die Kraft dieses Opfers, in deiner Gegenwart zu wandeln und Zeugen deiner Liebe zu sein. Darum bitten wir durch Christus, unseren Herrn.

Präfation

Meßbuch 438 „Die Zeichenhaftigkeit des gottgeweihten Lebens"
oder
Meßbuch 432 „Die Heiligen und wir"

Einleitung zum Vaterunser

Wir haben den Geist empfangen, der uns zu Kindern Gottes macht. Darum wagen wir zu sprechen:

Zum Friedensgruß

Meinen Glauben kann ich anderen nicht weitergeben, wie ein Arzt Serum durch eine Spritze einem Kranken einimpft. Meinen Glauben kann ich anderen nicht weitergeben, wie ein Trankwart Benzin durch einen Schlauch in ein Auto füllt.
Ich kann meinen Glauben nur bezeugen, wenn ich anderen Liebestaten erweise, wie Christus Kranken und Hungenden Liebe erwies.
Ich kann meinen Glauben nur bezeugen, wenn ich die bösen Reden und Taten der anderen vergebe und vergesse, wie Christus seinen Feinden am Kreuz vergab.
Ich kann meinen Glauben nur bezeugen durch die Kraft des Heiligen Geistes, den Christus uns gibt.

J. Gnanabaranam, in: Bezzenberger, Christus hat viele Farben, S. 113

Danklied

GL 277 Singet, danket unserm Gott
bes. 2.: Der uns alle liebt
bes. 4.: Folgt seinem Ruf

Schlußgebet (Meßbuch 951)

Allmächtiger Gott, die heilige Speise schenke uns neue Kraft, damit wir nach dem Vorbild des heiligen Bruder Miguel die Werke der Barmherzigkeit tun: die Unwissenden lehren, die Trauernden trösten, den Suchenden raten und so allen Menschen auf dem Weg zu dir helfen. Darum bitten wir durch Christus, unseren Herrn.

Praktischer Hinweis

1. Literatur

Theodulf Rave, Durch den Dienst an der Jugend zur Heiligkeit. Hl. Michael Febres Cordero, Provinzialat der Schulbrüder, Illertissen.

Evangelien verkünden mit Wort und Beispiel, Homilie bei der Seligsprechung am 30. Oktober 1977 von Papst Paul VI., in: Wort und Weisung, Kevelaer 1978, S. 449-454.

Vorbild für christliche Erzieher, Predigt von Johannes Paul II. bei der Heiligsprechung am 21. Oktober 1984, in: L'Osservatore Romano, 16. November 1984, Nr. 46.

Volk Gottes in Ecuador, ADVENIAT-Information, Heft Nr. 7.

Jugend, Kirche und Veränderung, Ein pastoraler Entwurf zum Aufbau der Zivilisation der Liebe, Dokumente/Projekte, Heft Nr. 30.

2. Tonbild

Unterwegs zu den Menschen, Kirche in Ecuador, Teil I, ADVENIAT
Den Indios die Frohe Botschaft verkünden, Kirche in Ecuador, Teil II, ADVENIAT
Zum Beispiel Carlos, Schuhputzerbub in Ecuador, 90 Farbdias, MISSIO-München.
Ich heiße auch Jesus, Weihnachtsspiel in einem ecuadorianischen Dorf, 84 Farbdias, MISSIO-München.

3. Lichtbild

Unterwegs in Ecuador, 10 Dias s/w., ADVENIAT
Indio-Mädchen, 1 Dia, Farbe, ADVENIAT.

4. Poster

Unterwegs zu Gott, 12 Poster DIN A2, ADVENIAT-Essen.
Indio-Mädchen, 1 Poster DIN A2, ADVENIAT-Essen.

Menschenwürde
und soziale Ordnung

PEDRO CLAVER

(1580-1654)
9. September
Kolumbien

Lebendiger christlicher Protest

„Nach dem Leben Christi hat mich kein anderes Leben so tief bewegt wie das des heiligen Pedro Claver“ (Leo XIII.). Wer war dieser Mann, Pedro Claver?

Zu den beschämenden Kapiteln der Christenheit gehört der Handel mit Menschen aus Afrika. Wie Ware verkaufte man sie als Sklaven in die „Neue Welt“. In ihren afrikanischen Heimatländern gejagt und eingefangen, wurden etwa drei Millionen Afrikaner unter elendsten Bedingungen in Frachtern über den Atlantik verschifft. Die meisten von ihnen starben unterwegs. Krank und halbtot kamen die Überlebenden im anderen Kontinent an.

Die Stadt Cartagena in Kolumbien war die Metropole des Sklavenhandels. Dort wirkte seit 1615 der spanische Jesuit Pedro Claver, der sich nach Neu-Granada, dem heutigen Kolumbien, hatte senden lassen. Zwei Mitbrüder waren es, die ihn in seiner geistlichen Haltung und in seinem apostolischen Wirken zutiefst geprägt hatten. Vom achtzigjährigen Pförtnerbruder im Studienhaus in Mallorca, Alonso Rodríguez, lernte er die Freude am Gebet und die Bereitschaft zur Buße. Padre Alonso Sandoval, der vor ihm die Negersklaven in Cartagena betreute, inspirierte ihn. P. Sandoval hatte unter anderem die Öffentlichkeit mit Anklageschriften auf die unmenschliche Behandlung der Afrikaner aufmerksam gemacht und eine seelsorgerische Betreuung der Sklaven gefordert. Bis 1622 übte er diese pastorale Sorge, die auch Leib und Leben der Sklaven umfaßte, zusammen mit Pedro Claver aus.

Pedros Arbeitsbereich erstreckte sich auf den Hafen, auf die Elendsquartiere in der Stadt und auf die Gefängnisse, in denen nicht nur Schwarze, sondern auch die Opfer der Inquisition eingesperrt waren. Seine Arbeit bestand im Besuchen, Trösten, Pflegen und Beschützen: im Erfahrbarmachen der Liebe Christi, die er ihnen verkündete. Pedro Claver war von seinem Dienst so tief geformt, daß er sein definitives Ordensgelübde als Jesuit unterschrieb: „Pater Pedro, für immer Sklave der Sklaven“.

Konnte Pedro Claver unter solchen Verhältnissen überhaupt das Evangelium verkündigen, waren es doch Christen, die grausam und gierig diesen Menschenhandel betrieben? Manche der Zeitgenossen bezweifelten sogar, daß die Neger Menschen

seien, eine Seele hätten. Auch in der Kirche fehlten nicht die theologischen Frager, die meinten: Sind die Neger überhaupt fähig, die Sakramente zu empfangen? Selbst einige seiner Ordensmitbrüder brachten kaum Verständnis für seine Arbeit auf.
In Pedro Claver haben die Negersklaven jedoch das Antlitz der Liebe Christi lebendig erfahren. Ungezählten verkündete er das Evangelium von der Erlösung aller Menschen durch Jesus Christus. Oft mußte er sich hierbei eines Dolmetschers bedienen, weil er unmöglich die vielen Dialekte der Ankömmlinge beherrschen konnte. Etwa 300 000 Sklaven empfingen aus seiner Hand die heilige Taufe.
Jeder, der heute nach Cartagena kommt, kann den Raum besuchen, in dem Pedro Claver lebte, betete, Buße tat, Lebens- und Stärkungsmittel für seine Schützlinge sammelte und in den letzten vier Jahren gelähmt darniederlag. 35 Jahre dauerte sein Dienst an den Sklaven, denen sein Leben und Leiden gehörte. Als er am 8. September 1654 starb, war buchstäblich die ganze Stadt vor seinem Haus versammelt. Alle wußten: Hier starb ein Gottesmann, ein Heiliger.
Am 20. Juli 1850 wurde Pedro Claver seliggesprochen. Seine Heiligsprechung und die seines geistlichen Lehrers, Alonso Rodríguez, erfolgte am 15. Februar 1888 durch Leo XIII. Am 7. Juli 1896 erklärte derselbe Papst Pedro Claver zum „Patron der Negermission".
Unter dem Schutz des hl. Petrus Claver stellte 1894 die Gräfin Maria Theresia Ledochowska eine missionarische Gemeinschaft von Schwestern, die das Evangelium in Afrika insbesondere durch Ausübung des Presseapostolats verbreiten wollten.
Die Begründerin der Missionsschwestern vom hl. Petrus Claver und „Mutter der Schwarzen" wurde am 19. Okt. 1975 seliggesprochen.

Gottesdienst

Anliegen

Dieser Mann und Christ aus einem Guß, der einzige, der im gleichgültigen Hafenmilieu mit den Sklaven stets Mitleid zeigt und der energisch und entschlossen gegen die allmächtigen Herren auftrat, um die Farbigen, die diese um Geld gekauft hatten, zu verteidigen – war ein lebendiger Protest gegen das ungerechte System der Ausbeutung der Menschen.

Enrique Giraldo SJ, in: Jesuitenjahrbuch 1979/80, S. 61

Lied zum Beginn

GL 261 Den Herren will ich loben
bes. 2.: Die Schwachen nimmt er an

Persönliches Grußwort und liturgische Begrüßung

Christus, der in den geringsten Menschen unter uns ist, sei mit euch!

oder

Christus, der uns aufträgt, füreinander da zu sein, sei mit euch!

Einführung

Es war damals eine Zeit, in der man ernstlich daran zweifelte, ob die Neger überhaupt eine menschliche Seele hätten, ob sie nicht wesentlich von den Weißen verschieden, ob sie nicht von Natur aus zu einem Sklavendasein bestimmt, ob sie überhaupt fähig wären, die Sakramente der Kirche gültig zu empfangen . . .
Vor diesen Fragen, die auch gebildete Personen seiner Zeit beschäftigten, haben Pedro Claver und sein Lehrmeister im Apostolat unter den Schwarzen, P. Alonso de Sandoval, als Christen lebendigen Protest erhoben, obgleich sie sich bewußt

waren, daß sie sich dadurch den Haß der Machthaber und Menschenhändler zuziehen werden. Es war nicht leicht für einen Mann, der sich voll und ganz dem Dienst der „Morenos" (Braunen) – wie er die Schwarzen nannte – widmete, dieser Linie treu zu bleiben, zumal um ihn herum auf sozialem Gebiet Unterdrückung auf der Tagesordnung stand und nicht selten die Ordensleute selbst kein Verständnis dafür hatten.
Sein Leben war ein Protest gegen die Vorgehensweise einer Gesellschaft, die skrupellos die Menschen mit Füßen trat und damit die Logik des Glaubens zunichte machte, nur weil der Sklavenhandel eines der einträglichsten Geschäfte war.

(Enrique Giraldo SJ, a.a.O., S. 61f.)

Schuldbekenntnis

Wir sind eine Menschheit, aber es gibt verschiedene Völker und Staaten.
Herr, erbarme dich unser.
Wir tragen alle das gleiche menschliche Antlitz, aber es gibt Mehrheiten und Minderheiten, Einheimische und Fremde.
Christus, erbarme dich unser.
Wir bewohnen alle die gleiche Erde, aber es gibt Arme und Reiche, Junge und Alte, Männer und Frauen.
Herr, erbarme dich unser.

Tagesgebet (Meßbuch 310,16)

Gott, unser Vater. Bedrückt vom Elend unserer Zeit, kommen wir zu dir. Sieh auf die Not und Hilflosigkeit so vieler Menschen. Laß sie an ihrem Schicksal nicht zerbrechen. Stärke unter uns das Bewußtsein der Verantwortung füreinander, damit wir anfangen, brüderlich zu teilen und einander beizustehen. Darum bitten wir durch Jesus Christus.

oder
Meßbuch 926

Einleitung zur Lesung

Im „Gebet der Vereinten Nationen“ heißt es:
Herr, unsere Erde ist nur ein kleines Gestirn im großen Weltall. An uns liegt es, daraus einen Planeten zu machen, dessen Geschöpfe nicht von Kriegen gepeinigt werden, nicht von Furcht und Hunger gequält, nicht zerrissen in sinnlose Trennung nach Rasse, Hautfarbe oder Weltanschauung.

Lesung (Gal 3,26-4,7)

Glaube und Gottessohnschaft

Ihr seid alle durch den Glauben Söhne Gottes in Christus Jesus. Denn ihr alle, die ihr auf Christus getauft seid, habt Christus (als Gewand) angelegt. Es gibt nicht mehr Juden und Griechen, nicht Sklaven und Freie, nicht Mann und Frau; denn ihr alle seid „einer“ in Christus Jesus. Wenn ihr aber zu Christus gehört, dann seid ihr Abrahams Nachkommen, Erben kraft der Verheißung.
Ich will damit sagen: Solange der Erbe unmündig ist, unterscheidet er sich in keiner Hinsicht von einem Sklaven, obwohl er Herr ist über alles; er steht unter Vormundschaft, und sein Erbe wird verwaltet bis zu der Zeit, die sein Vater festgesetzt hat. So waren auch wir, solange wir unmündig waren, Sklaven der Elementarmächte dieser Welt. Als aber die Zeit erfüllt war, sandte Gott seinen Sohn, geboren von einer Frau und dem Gesetz unterstellt, damit er die freikaufe, die unter dem Gesetz stehen, und damit wir die Sohnschaft erlangen. Weil ihr aber Söhne seid, sandte Gott den Geist seines Sohnes in unser Herz, den Geist, der ruft: Abba, Vater. Daher bist du nicht mehr Sklave, sondern Sohn; bist du aber Sohn, dann auch Erbe, Erbe durch Gott.

Zwischengesang

GL 641 Gleichwie mich mein Vater gesandt hat

Einleitung zum Evangelium

Pedro Claver hat in der Tat das Sklaventum in der gesellschaftlichen Erscheinung seiner Zeit nicht auszulöschen vermocht, aber er war zusammen mit Alonso Sandoval eine derjenigen Gestalten der Menschheits- und Kirchengeschichte, die die durch nichts zu rechtfertigende Ungerechtigkeit der Versklavung erkannte und sie Freien und Sklaven, Weltlichen und Geistlichen mit Macht ins Bewußtsein führte. Er war nicht der Hafen der Befreiung, wohl aber sein Leuchtturm. *Emil L. Stehle (7,87f.)*

Evangelium (Joh 15,9-17)

Die Bildrede vom Fruchtbringen

Wie mich der Vater geliebt hat, so habe auch ich euch geliebt. Bleibt in meiner Liebe! Wenn ihr meine Gebote haltet, werdet ihr in meiner Liebe bleiben, so wie ich die Gebote meines Vaters gehalten habe und in seiner Liebe bleibe. Dies habe ich euch gesagt, damit meine Freude in euch ist und damit eure Freude vollkommen wird. Das ist mein Gebot: Liebt einander, so wie ich euch geliebt habe. Es gibt keine größere Liebe, als wenn einer sein Leben für seine Freunde hingibt. Ihr seid meine Freunde, wenn ihr tut, was ich euch auftrage. Ich nenne euch nicht mehr Knechte; denn der Knecht weiß nicht, was sein Herr tut. Vielmehr habe ich euch Freunde genannt; denn ich habe euch alles mitgeteilt, was ich von meinem Vater gehört habe. Nicht ihr habt mich erwählt, sondern ich habe euch erwählt und dazu bestimmt, daß ihr euch auf macht und Frucht bringt und daß eure Frucht bleibt. Dann wird euch der Vater alles geben, um was ihr ihn in meinem Namen bittet. Dies trage ich euch auf: Liebet einander!

Predigtstichworte

1. Der Geist von Pedro Claver hat in ganz Kolumbien tiefe Wurzeln gefaßt, in einer Nation, die sich im christlichen Sinn dieses Mannes rühmt, der den Samen echter und nicht demagogischer Brüderlichkeit unter ihre Einwohner gesät und der durch sein Beispiel und seine Lehre den Boden bereitet hat, daß alle Kolumbier mit wahrem Stolz in ihrer Konstitution die Gesetzesvorschrift lesen können: „Es wird in Kolumbien keine Sklaven mehr geben; wer immer als Sklave den Fuß auf den Boden dieses Landes setzt, soll frei sein!"

2. Unter dem Hochaltar des Pedro-Claver-Heiligtums (in Cartagena) werden die Reliquien des Heiligen aufbewahrt. Sein Einfluß auf die Pfarrei, die Armenviertel, die Schulen, die Arbeitsstätten, auf die zahlreichen Pilger (etwa 200 000), die jedes Jahr das Haus des hl. Pedro Claver besuchen, ist eine ununterbrochene Botschaft der Nächstenliebe, des christlichen Protestes gegen jede Art von Ungerechtigkeit und der Befreiuung in Christus.

   Enrique Giraldo SJ, a.a.O., S. 63

3. Der breite, gemeinsame Weg des Gottesvolkes wurde für uns schon eröffnet und gegangen von Christus und von den Heiligen Lateinamerikas: von denen, die starben, als sie die Unversehrtheit des Glaubens und der Kirche verteidigten, als sie den Armen, den Indios, den Sklaven dienten. Ebenso wurde dieser Weg eröffnet und gegangen von jenen, die zu den höchsten Stufen der Kontemplation aufstiegen. Sie alle gehen den Weg mit uns. Sie helfen uns mit ihrer Fürbitte. *(Lateinamerikanische Bischöfe in Puebla 1979, 6 Nr. 265)*

4. Im UNO-Gebäude in New York gibt es einen Raum des Gebetes für die Delegierten aller Völker und für die Besucher aus aller Welt. Er ist in Halbdunkel gehüllt. Nur ein dünner Lichtstrahl fällt auf einen Altarstein, eine 120 Zentner schwere Platte aus kristallenem Eisenerz, ein Geschenk der schwedischen Regierung. Dieser Altarstein leuchtet nur, wenn das Licht auf ihn trifft. Das will besagen: alle Völker der Erde sind Edelsteine in Gottes Welt, die zur Leuchtkraft des göttlichen Lichtes bedürfen. Am Eingang liegt ein Blatt mit der Überschrift: „Ein Ruf zum Gebet". Darin heißt es: „Religion baut auf. Die Vereinten Nationen brauchen ihr Gebet. Jedermann wünscht eine bessere Welt. Kein Mensch liebt das Durcheinander, gefüllt mit Angst, Haß, Anklage, Selbstsüchten, Leiden und Hunger, die versklaven, statt zu befreien. Der Mensch soll doch das herrliche, liebende und schöpferische Wesen sein, als das er gedacht ist . . .

   (5,291)

Fürbitten

**Gott, wo Menschen im Namen deines Sohnes zusammenkommen, bist du selbst unter ihnen. Auf die Fürbitte des heiligen Pedro Claver bitten wir dich:
Herr, führe alle Menschen zum Heil!**

Laß die Kirche deine Gegenwart so erfahren und bezeugen, daß jeder, der in die Versammlung deiner Gläubigen kommt, erkennt: „Gott ist wirklich gegenwärtig" . . .

Führe alle Menschen, die dein Gedächtnis feiern, zum Bewußtsein ihrer Würde, ihrer Rechte und Pflichten gegenüber der Welt, in der sie leben . . .

Laß die Armen Lateinamerikas, die in Gefahr sind, entmutigt aufzugeben, wieder lernen, daß Gemeinsamkeit im Beten und Handeln ihre Stärke ist . . .

Laß die Regierungen und Wohlhabenden einsehen, daß Friede nur durch Achtung vor Gott und den Mitmenschen möglich ist . . .

Gib uns die Liebe, in allen Menschen deine Kinder und unsere Brüder und Schwestern zu erkennen . . .

Gott, in der Gemeinschaft deines Volkes soll jeder Mensch deine Erlösung erfahren. Darum bitten wir durch Christus, unseren Herrn. *(Missio-Adveniat-Gebetsring, Nr. 11)*

Lied zur Gabenbereitung

GL 640 Gott ruft sein Volk zusammen
bes. 2.: Liebt Christus alle gleich
oder
GL 620 Das Weizenkorn muß sterben
bes. 4.: Nur die Liebe zählt

Gabengebet (Meßbuch 351,12)

Herr und Gott, sieh mit Wohlgefallen auf die Gaben, die wir im Namen deiner Kirche bereitet haben. Wie der heilige Pedro Claver, dessen Gedächtnis wir feiern, in einem Leben der Hingabe deinen Auftrag erfüllte, so hilf auch uns durch die Kraft dieses Opfers, in deiner Gegenwart zu wandeln und Zeugen deiner Liebe zu sein. Darum bitten wir durch Christus, unseren Herrn.

Präfation (Meßbuch 432)

Die Heiligen und wir

Einleitung zum Vaterunser

Guter Vater, mit deinem Sohn wollen wir leben – zu ihm wollen wir auch beten:

Zum Friedensgruß

Herr aller Herren, du willst, daß die Menschen miteinander in Frieden leben. So bitten wir dich um gerechte Lösung der Konflikte, die Ost und West, Nord und Süd, Farbige und Weiße, arme und reiche Völker voneinander trennen. Laß nicht zu, daß wir mitmachen, wenn Haß und Feindschaft Menschen gegeneinander treiben. Hilf uns Frieden halten, weil du mit uns Frieden gemacht hast.

Lied zur Kommunion

GL 618 Brich dem Hungrigen dein Brot
oder
GL 619 Was ihr dem geringsten Menschen tut

Schlußgebet (Meßbuch 949)

Barmherziger Gott, wir haben das Brot des Lebens empfangen am Gedenktag des heiligen Pedro Claver, den du

uns als Vorbild echter Frömmigkeit und selbstlosen Helfens geschenkt hast. Laß auch uns aus der Kraft der heiligen Speise in der Liebe zur dir wachsen und uns mühen im Dienst an deinem Volk. Darum bitten wir durch Christus, unseren Herrn.

Schlußlied

GL 273 Singet dem Herrn ein neues Lied
bes. 3.: Den einen Menschen, der dich gut versteht

Praktischer Hinweis

1. Literatur

Angel Valtierra SJ, El Santo que libertó una raza, San Pedro Claver, Bogotá 1954 (nicht publizierte Übersetzung in die deutsche Sprache von Hubert Frank, ADVENIAT).

Hermann Multhaupt, Pedro Claver – Sklave der Sklaven Gottes, Spiel in 6 längeren und 6 kürzeren Bildern, München 1985.

Der heilige Pedro Claver – Sklave der Sklaven, in: Zeugen des Glaubens, Mainz 1980 und in: Sie verteidigten die Menschenwürde, hrsg. v. Emil L. Stehle, Mainz 1982.

Eva-Maria Kremer/Gerhard M. Bauer, Sklavenlos (nicht nur) in der Karibik, in: Der Papageienkäfig, Ein lateinamerikanisches Lesebuch, Paderborn 1985.

Maria Winowska, Das Geheimnis der Maria Theresia Ledochowska, Leben und Weg der seligen „Mutter der Schwarzen", Gründerin der Gemeinschaft der „Missionsschwestern vom hl. Pedro Claver", Pattloch-Verlag, Aschaffenburg 1977.

2. Film

Und ihr habt mich besucht, Lurigando – Gefängnisseelsorge in Lima, Tellux
Tanz in der Kathedrale (1983), 45 Min. – Geschichte der Negersklaven in Brasilien
. . . und immer einen Schritt weiter – Eine Schwester unter den Müllmenschen in Cortagena, 30 Min., 1980

3. Lichtbild

Pedro Claver, 1 Diapositiv, ADVENIAT

4. Folienprogramm

F 15/1, Mann aus Haiti.

5. Poster

Pedro Claver, DIN A2, Farbe, ADVENIAT.

6. Hungertuch aus Haiti

Großes und kleines Hungertuch aus Haiti, mit Begleitmaterial, MISEREOR-Aachen.

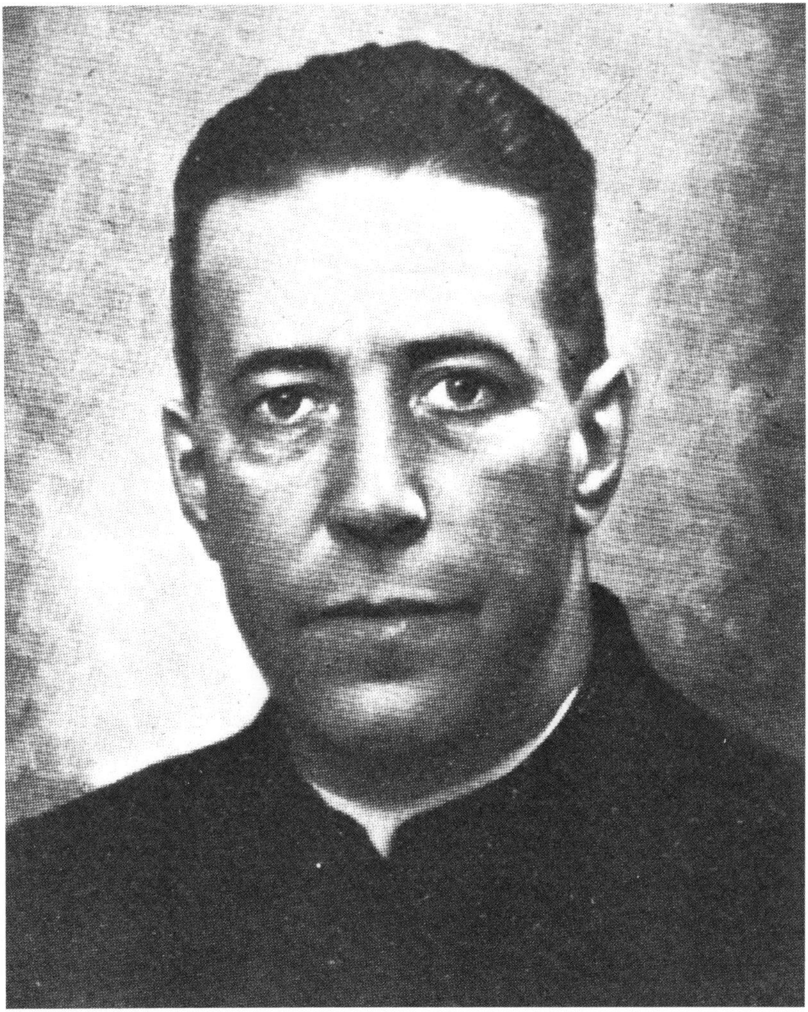

ALBERTO HURTADO CRUCHAGA
(1901-1952)
Chile

Zeichen der Hoffnung und Freude

„Sein Leben war ein Besuch Gottes in unserem Land", charakterisierte Bischof Larrain seinen Freund und Weggefährten Padre Alberto Hurtado an dessen Todestag.
Das Beispiel und Wirken dieses Jesuitenpaters haben sich tief ins Bewußtsein des chilenischen Volkes eingegraben. Viele Straßen, Plätze und Einrichtungen in Chile tragen heute den Namen Padre Alberto Hurtado C.
Die Wirksamkeit seiner Person und seines Werkes geht jedoch weit über Chile hinaus. Unter anderem findet sie ihren Niederschlag im großen Dokument der lateinamerikanischen Bischöfe, das 1979 in Puebla die Schwerpunkte der Evangelisierung in Lateinamerika festlegte. Es sind die Jugend, die vorranige Liebe zu den Armen, der Einsatz für die Arbeiter, die Intellektuellen und die Priesterberufe.
Alberto Hurtado wird am 22. Januar 1901 in Viña del Mar geboren. Sein Vater stirbt vier Jahre später. Die Mutter zieht aus wirtschaftlichen Gründen mit ihren beiden Söhnen nach Santiago. Dort wächst Alberto in einem Leben der Armut auf, was sein späteres Wirken im apostolischen Sinn beeinflussen wird. Durch ein Stipendium kann er das Jesuitenkolleg St. Ignatius besuchen. In seinem Geschichtslehrer P. Fernando Vives trifft er auf einen entschiedenen Befürworter der Hebung des Arbeiterstandes. Sein Leben erhältlich durch ihn eine entscheidende Richtungsweisung. Mit 17 Jahren beginnt Alberto Hurtado das Jurastudium an der Katholischen Universität. Mit 22 Jahren erwirbt er den Titel eines Advokaten. Das Thema seiner Diplomarbeit: „Die rechtlichen Aspekte der Heimarbeit".
Als Student betätigt er sich intensiv in der Marianischen Kongregation, im Sozialwerk für die Bedürftigsten, wo er auch Ämter in der Parteiarbeit übernimmt.
Mit 22 Jahren kann er endlich in das Noviziat der Jesuiten eintreten. Studienjahre führen ihn nach Argentinien, Spanien, Irland und schließlich nach Löwen in Belgien. 1933 empfängt er im Alter von 32 Jahren die Priesterweihe. Seiner theologischen Ausbildung fügt er noch das Studium der Pädagogik und Psychologie hinzu, das er 1935 mit der Promotion abschließt. Bevor er nach Chile zurückkehrt, studiert er die politische

Situation in Holland, Deutschland, Frankreich und Italien. Er beobachtet Faschismus und Nationalsozialismus. Tief beeindruckt ist er vom Wirken Cardijns in der Arbeiterjugend. Die Arbeit des Jugend- und Studentenverbandes „Neudeutschland" (heute „Katholische Studierende Jugend") wird ihm Modell für seine spätere Jugendarbeit in Chile. 1936 kehrt er in seine Heimat zurück.
12 Jahre lang hatte er sich im Jesuitenorden auf seine neuen Aufgaben vorbereitet. In Chile wird er Präses der katholischen Jugend auf diözesaner und nationaler Ebene. Er lehrt die jungen Menschen, in ihrem Christsein auch die soziale Dimension zu verwirklichen. Padre Hurtado reist durch das langgestreckte Land, ermutigt und ermuntert, gründet neue Gruppen, fordert zum Engagement heraus, gibt Exerzitien, schreibt ungezählte Artikel und ist immer zu persönlichen Gesprächen bereit. Die Feiern zum Christkönigsfest mit Gebet und Fackelzügen sind Höhepunkte seiner Jugendarbeit.
1940 schockiert er die Öffentlichkeit mit seinem Buch: „Ist Chile ein katholisches Land?" Zuinnerst ist er überzeugt, daß echtes Christentum sich auch in Werken zeigen muß. Religiöse Ignoranz, mangelhafte Erziehung, Tausende herumstreunende Kinder, fehlende Rechte der Arbeiter, ungenügende Sozialstrukturen stehen hierzu im Widerspruch.
1944 gibt Padre Hurtado den Anstoß zur Gründung eines weitreichenden Sozialwerkes „Hogar de Cristo" – Heimstatt Christi, das die obdachlosen Kinder beherbergt, ihnen Ausbildung und Arbeit vermittelt. Dieses Werk umfaßt auch Familien- und Altenheime, Krankenstationen, Häuser der offenen Tür. Gleichzeitig beginnt er Projekte für den Wohnungsbau zugunsten der Unbemittelten. Die Finanzierung all dieser Werke ist Wohltätern, Freunden und der göttlichen Vorsehung anvertraut. Die Leitung liegt stets in Händen von Laien.
1945 kann Padre Hurtado in Paris an einem Kongreß der Jesuiten über die soziale Frage teilnehmen. Die Begegnung mit den Arbeiterpriestern und den Ordensleuten in der Fabrikarbeit führt ihn dazu, die Arbeiterfrage in Chile noch intensiver als zuvor aufzugreifen. Ermutigt von seinem Ordensgeneral P. Janssens und bestärkt durch ein persönliches Gespräch mit Pius XII. begründet er 1945 die chilenische Gewerkschaftsaktion ASICH, die nicht nur die Arbeiter zusammenführt, sondern auch die

Unternehmer, Professoren und Politiker. Später wird die Bewegung auf die Campesinos ausgeweitet.
Im Laufe dieser Jahre veröffentlichte P. Hurtado zahlreiche pädagogische und sozialpolitische Bücher.
1950 ruft er die Zeitschrift „Mensaje“ (Botschaft) ins Leben. Sie soll der sozialen, politischen und kulturellen Bildung der Christen dienen.
Ende 1951 machen sich Anzeichen einer schweren Erkrankung bemerkbar. Im Mai 1952 muß er in die Klinik. Diagnose: Magenkrebs. Vom Krankenbett aus versucht er, seine zahlreichen Werke zu ordnen. Hunderte von Menschen besuchen ihn in seinem Krankenzimmer. Aus allen Schichten kommen sie, Arme und Reiche, um Abschied zu nehmen. Der 18. August 1952 bringt ihm die endgültige Begegnung mit Jesus Christus. Die Regierung ordnet Staatstrauer an.
16 Jahre lang konnte Padre Hurtado als Priester in Chile wirken. Seine ansteckende Jugendlichkeit, sein offenes Lächeln, seine Begeisterung, sein ganzes Lebenszeugnis aus der Liebe zu Christus und in der Treue zur Lehre der Kirche haben ihm einen Platz mitten im Herzen des Volkes geschaffen.
1971 beantragte die Chilenische Bischofskonferenz die Aufnahme seines Seligsprechungsprozesses.

Gottesdienst

Anliegen

„Zu seinen Charakterzügen gehörte eine leidenschaftliche Liebe für Christus und seine Kirche, eine ansteckend wirkende Freude, die ihm überall, wo er apostolisch tätig war, die Türen öffnete und die sich in einem ständigen Lächeln äußerte."

Jesuitenjahrbuch 1979/80, S. 109

Lied zum Beginn

GL 637 Laßt uns loben, Brüder, loben
bes. 3.: Daß wir allen Zeugnis geben
oder
GL 638 Nun singe Lob, du Christenheit
bes. 3.: Er lasse uns wie Brüder sein

Persönliches Grußwort und liturgische Begrüßung

Christus, der ein offenes Herz für alle Menschen hatte, sei mit euch!

oder

Der Herr Jesus Christus, uns nahe mit seiner Sorge und Liebe, sei mit euch!

Einführung

Chile ist ein Land der Jugend wie die meisten Länder der sogenannten Dritten Welt. Über 60% der Bevölkerung ist noch keine 21 Jahre alt. Dieser Reichtum des Volkes und der Kirche ist jedoch sehr bedroht vom Lebensstil der Gesellschaft, der stark auf Konsum und Genuß ausgerichtet ist. Religiöse Bildung und religiöses Leben stehen bei vielen in ihrer Wertung weit unten. Hinzu kommt die schwierige Wirtschaftssituation, die vorzeitige Schulabgänge und Arbeitslosigkeit provoziert.
Es gibt aber auch Zeichen der Hoffnung. Das Interesse und die Teilnahme der Jugendlichen am kirchlichen Leben wächst. In

Gruppen und kleinen Gemeinschaften geben sie der Kirche mehr Lebendigkeit, größere soziale Sensibilität, Freude und evangelische Einfachheit. Auch die Berufungen zum Priestertum und gottgeweihtem Leben haben in den letzten 10 Jahren um 150% zugenommen. Die chilenischen Bischöfe haben für die Jahre 1982-1985 die Jugendpastoral zur Priorität der Seelsorge erklärt. Diesem Anliegen dient auch unsere Gebetsintention, damit die schweren Probleme der Jugendlichen überwunden und ihr Glaube an Jesus Christus gefestigt werden.

Missio-Adveniat-Gebetsring, Nr. 17

Schuldbekenntnis

auch gesungen GL 168, S. 135

O Herr, nimm unsere Schuld, mit der wir uns belasten, und führe selbst die Hand, mit der wir nach dir tasten.
Herr, erbarme dich unser.
Wir trauen deiner Macht und sind doch oft in Sorgen. Wir glauben deinem Wort und fürchten doch das Morgen.
Christus, erbarme dich unser.
Wir kennen dein Gebot, dem Bruder beizustehen, und können oft nur uns und unsre Nöte sehen.
Herr, erbarme dich unser.

Tagesgebet (Meßbuch 307,7)

Gott, du suchst Menschen, die von dir sprechen und der Welt deine gute Botschaft weitersagen. Hilf uns, Trägheit und Menschenfurcht zu überwinden und deine Zeugen zu werden – mit unserem ganzen Leben. Darum bitten wir durch Jesus Christus.

Einleitung zur Lesung

Selbst von ihrem Herrn gesandt, entsendet die Kirche ihrerseits die Boten des Evangeliums, um zu predigen, aber nicht sich selbst, ihre eigenen, persönlichen Ideen, sondern eine Frohbotschaft, deren weder sie noch die, die Glaubensboten, die Herren oder Besitzer und Verfüger nach freiem Gutdünken sind.

Papst Johannes Paul II. auf der 3. Generalversammlung lateinamerikanischer Bischöfe in Puebla, 28. 1. 1979 (2,55)

Lesung (2 Tim 4,1-8)

Aufruf zu unerschrockenem Einsatz

Ich beschwöre dich bei Gott und bei Christus Jesus, dem kommenden Richter der Lebenden und der Toten, bei seinem Erscheinen und bei seinem Reich: Verkünde das Wort, tritt dafür ein, ob man es hören will oder nicht; weise zurecht, tadle, ermahne, in unermüdlicher und geduldiger Belehrung. Denn es wird eine Zeit kommen, in der man die gesunde Lehre nicht erträgt, sondern sich nach eigenen Wünschen immer neue Lehrer sucht, die den Ohren schmeicheln; und man wird der Wahrheit nicht mehr Gehör schenken, sondern sich Fabeleien zuwenden. Du aber sei in allem nüchtern, ertrage das Leiden, verkünde das Evangelium, erfülle treu deinen Dienst! Denn ich werde nunmehr geopfert, und die Zeit meines Aufbruchs ist nahe. Ich habe den guten Kampf gekämpft, den Lauf vollendet, die Treue gehalten. Schon jetzt liegt für mich der Kranz der Gerechtigkeit bereit, den mir der Herr, der gerechte Richter, an jenem Tag geben wird, aber nicht nur mir, sondern allen, die sehnsüchtig auf sein Erscheinen warten.

Zwischengesang

GL 643 O Jesu Christe, wahres Licht
oder
GL 624 Auf dein Wort, Herr

Einleitung zum Evangelium

Das Evangelium, mit dem wir betraut sind, ist auch Wort der Wahrheit. Eine Wahrheit, die frei macht und die allein den Frieden des Herzens vermittelt, das ist es, was die Menschen suchen, wenn wir ihnen die Frohbotschaft verkünden: Wahrheit über Gott, Wahrheit über den Menschen und seine geheimnisvolle Bestimmung, Wahrheit über die Welt; eine schwierige Wahrheit, die wir im Worte Gottes suchen und von der, noch einmal gesagt, gilt, daß wir weder ihre Meister noch ihre Besitzer sind, sondern nur die Verkünder, die Diener. *(1 Nr. 78)*

Evangelium (Joh 16,4b-15)

Der Geist als Beistand und Lehrer

Das habe ich euch nicht gleich zu Anfang gesagt; denn ich war ja bei euch. Jetzt aber gehe ich zu dem, der mich gesandt hat, und keiner von euch fragt mich: Wohin gehst du? Vielmehr ist euer Herz von Trauer erfüllt, weil ich euch das gesagt habe. Doch ich sage euch die Wahrheit: Es ist gut für euch, daß ich fortgehe. Denn wenn ich nicht fortgehe, wird der Beistand nicht zu euch kommen; gehe ich aber, so werde ich ihn zu euch senden. Und wenn er kommt, wird er die Welt überführen (und aufdecken), was Sünde, Gerechtigkeit und Gericht ist; Sünde: daß sie nicht an mich glauben; Gerechtigkeit: daß ich zum Vater gehe und ihr mich nicht mehr seht; Gericht: daß der Herrscher dieser Welt gerichtet ist. Noch vieles habe ich euch zu sagen, aber ihr könnt es jetzt nicht tragen. Wenn aber jener kommt, der Geist der Wahrheit, wird er euch in die ganze Wahrheit führen. Denn er wird nicht aus sich selbst heraus reden, sondern er wird sagen, was er hört, und euch verkünden, was kommen wird. Er wird mich verherrlichen; denn er wird von dem, was mein ist, nehmen und es euch verkünden. Alles, was der Vater hat, ist mein; darum habe ich gesagt: Er nimmt von dem, was mein ist, und wird es euch verkünden.

Predigtstichworte

1. Zeugnis und Sendung Jesu:
   Von Stadt zu Stadt, vor allem den ärmsten, zur Aufnahme oft bereitesten Menschen die Frohbotschaft von der Erfüllung der Verheißungen und des Bundes zu bringen, der von Gott angeboten wird, das ist die Aufgabe, für die Jesus nach seinen eigenen Worten vom Vater gesandt worden ist. Alle Gesichtspunkte seines Mysteriums – die Menschwerdung selbst, die Wunder, dei Unterweisungen, die Sammlung von Jüngern, die Aussendung der Zwölf, das Kreuz und die Auferstehung, das Verbleiben seiner Gegenwart inmitten der Seinigen – zielen auf diese vorrangige Tätigkeit: die Verkündigung der Frohbotschaft. *(1 Nr. 6)*

2. Die lateinamerikanischen Bischöfe in Puebla 1979:
   Der neue Mensch
   Es ist erforderlich, im lateinamerikanischen Menschen ein gesundes moralisches Gewissen, einen kritischen Sinn im Geiste des Evangeliums, Gemeinschaftsgeist und soziales Engagement zu wecken für den Aufbau einer neuen Gesellschaft.

   Zeichen der Hoffnung und Freude
   Die kirchlichen Basisgemeinschaften. Das lebendige Bewußtsein der Laien für ihre Aufgabe und kirchliche Sendung. Intensive pastorale Aktionen in den ärmsten Gebieten des Kontinentes. Die Einfachheit und häufige Anwesenheit der Bischöfe unter dem Volk. Der Hunger nach Gott und das Suchen nach ihm im Gebet und in der Betrachtung.

   Hoffnung in Christus
   Das alles sind Zeichen der Hoffnung und Freude für den, der vom österlichen Geheimnis Christi durchdrungen ist. Das alles ist gelebtes und verkündigtes Evangelium, wie Christus es lebte und verkündete. „Denn es ist den Menschen kein anderer Name unter dem Himmel gegeben, durch den wir gerettet werden sollen" (Apg 4,,12). *(6 Nr. 1309, Auszug)*

3. Unter der dynamischen Kraft des Geistes:
   Der Geist des auferstandenen Jesus wohnt in seiner Kirche. Er ist der Herr und Spender des Lebens. Er ist die Kraft Gottes, die seine Kirche zur Fülle hin ermutigt; er ist seine Liebe, die Gemeinschaft und Reichtum schafft; er ist der Zeuge Jesu, der uns mit der Kirche als Missionare aussendet, um unter den Menschen von ihm Zeugnis abzulegen. *(6 Nr. 1294)*

Fürbitten

Gütiger Vater, froh über das wunderbare Geschenk des Glaubens an Jesus Christus und voll Dankbarkeit legen wir unsere Bitten für die Jugend Chiles in deine Hände: daß ihre Liebe zu Jesus Christus, deinem Sohn, und zu seiner Kirche wachsen möge,

daß die belastenden wirtschaftlichen Probleme und die Arbeitslosigkeit verringert werden und neue Zukunftsaussichten sich eröffnen,

daß die Liebe zu Christus und Maria sie davor bewahre, sich von den Götzen Vergnügen und Geld versklagen zu lassen,

daß die christliche Familie ein anziehendes und erstrebenswertes Ziel für sie werde,

daß der Ruf zum missionarischen Leben von ihr gehört werde und die jetzige Generation sich den Opfern der ersten Missionare würdig erweisen möge.

Maria, Mutter der Kirche, festige das innere Leben dieser jugendlichen Gemeinschaften und inspiriere sie in ihrem Dienst an den Armen. *Missio-Adveniat-Gebetsring, Nr. 17*

Lied zur Gabenbereitung

GL 552 Alles Leben ist dunkel
bes. 3.: Jesus ist dieses Herz
GL 618 Brich dem Hungrigen dein Brot
bes. 3.: Der da ist des Lebens Brot

Gabengebet (Meßbuch 348,2)

Gott, unser Vater, wir treten mit dem Opfer des Lobes vor dein Angesicht. Gewähre, daß er, der bei uns sein wird, mit dem Geheimnis seines Todes unser träges Herz ergreife und uns löse von unserer Selbstbefangenheit. Darum bitten wir durch ihn, Christus, unseren Herrn.

Präfation (Meßbuch 448)

Wir verkünden das Geheimnis Christi

Einleitung zum Vaterunser

Wir haben den Geist empfangen, der uns zu Kindern Gottes macht. Darum wagen wir zu sprechen:

oder

Vater unser,
nicht dein Vater, nicht mein Vater,
unser Vater.
Vater, der du uns zu Brüdern und Schwestern machst,
der du uns in deinem Sohn neues Leben schenkst,
der mit uns seinen Leib teilt
und uns zu einem Leib macht.
Gib uns starke Hände,
um den Boden zu bearbeiten,
mach uns zum Weizenkorn,
um reiche Frucht zu bringen.
Laß dein vergossenes Blut
den ganzen Teig durchdringen,
damit wir mit dir ein Brot der Freude werden.

Aus: „Dame, Senor, un corazon" (Chile)

Zum Friedensgruß

(auch gesungen GL 299,1.3.4.)

Manchmal kennen wir Gottes Willen, manchmal kennen wir nichts.
Erleuchte uns, Herr, wenn die Fragen kommen.
Manchmal spüren wir Gottes Liebe, manchmal spüren wir nichts. Begleite uns, Herr, wenn die Ängste kommen.
Manchmal wirken wir Gottes Frieden, manchmal wirken wir nichts. Erwecke uns, Herr, daß dein Friede kommt.

(Kurt Marti / Arnim Juhre, 1966)

Lied zu Kommunion

GL 300 Solang es Menschen gibt auf Erden
Wir danken dir . . .
oder
GL 280 Preiset den Herrn
bes.: 6.: Er sendet uns in diese Welt

Meditation

Herr Jesus Christus,
du bist ewig jung,
denn du bist derselbe gestern, heute und morgen.
Aus dir kommt die dauernde, reine Freude
und die immer dienstbereite Freiheit.
Senke in unsere Herzen deinen jugendlichen Geist,
damit wir die ermüdete Welt neu beleben.
Sei du Gefährte und Freund der Jugend,
durchdringe sie mit deinen Idealen,
schütze sie in den Verlockungen des Geldes
und der Vergnügungen,
stärke sie in der Treue und Selbstzucht,
damit die Freude des Aufbruchs
sich fortsetzt in der des Sieges.
Jesus, Freund,
nur du bist sicherer Weg,
unverrückbare Wahrheit,
Leben und Glück, die nicht vergehen.
Mache uns fest im Glauben an dich,
damit eines Tages die Jugend der
ganzen Welt gemeinsam
in das Bekenntnis Petri einstimmt:
„Du bist der Christus,
der Sohn des lebendigen Gottes". Amen.

Seminaristen des Seminario Mayor Pontificio, Santiago de Chile
Missio-Adveniat-Gebetsring, Nr. 17

Schlußgebet (Meßbuch 626,4)

Allmächtiger Gott und Vater, du hast deinen gekreuzigten Sohn auferweckt und ihm, dem Lebendigen, die Macht des lebenspendenden Geistes gegeben. Nimm dich deiner Kirche an, o Herr, und erneuere ihre Jugend. Laß sie aufleben durch den Geist, dessen Zeichen das Feuer ist. Darum bitten wir durch Christus, unseren Herrn.

Schlußlied

GL 249 Der Geist des Herrn erfüllt das All
oder
GL 634 Dank sei dir, Vater
bes. 5.: Daß die Welt glaube
bes. 6.: Als Zeugen deiner Liebe

Praktischer Hinweis

1. Literatur

Alberto Hurtado Cruchaga SJ, Apostel Christi, spanisches Manuskript; Übersetzung und Veröffentlichung wird von ADVENIAT vorbereitet.

Evangelium, Politik und Sozialismus, Arbeitsdokument der chilenischen Bischöfe, 1971, ADVENIAT Dokumente/Projekte, Heft Nr. 12. (Diese Überlegungen reflektieren die vorauseilende und weitsichtige Arbeit Hurtados und sind von ihr beeinflußt. In der gegenwärtigen Situation Chiles ist das Dokument aktuell wie zur Zeit seiner Entstehung.)

Jugend, Kirche und Veränderung, ADVENIAT Dokumente/Projekte, Heft Nr. 30.
Länderbericht, Herder-Korrespondenz, September 1985.
(Die Adveniat Aktionsmaterialien 1986 haben Chile und die Kirche in Chile als Schwerpunkt.)

2. Poster

Plakatserie 1986, ADVENIAT.

3. Film

Los abandonados – Die Niemandskinder von Camanducaia, Brasilien, Tellux, 1984.

Hipólito und seine Freunde. – Junge Männer in Panama auf dem Weg zum Priestertum, 45 Min.,1983

Zeugnis bis in den Tod

FELIPE DE JESÚS

(1572-1597)
5. Februar
Mexiko

Sterben wie ein Weizenkorn

Der 5. Februar 1597 ist für Nagasaki in Japan ein blutiger Tag. Auf dem Tatzeyama-Hügel vor der Stadt hängen an 25 Kreuzen drei Jesuiten, fünf Franziskaner und 17 Laien. Neben den Kreuzen stehen die Henker. Auf einen Befehl hin bohren sie gemeinsam ihre Lanzen in die Brust der Märtyrer, die ihr Zeugnis für Christus mit dem Leben besiegeln.

Von den 25 Märtyrern stammen die fünf Franziskaner nicht aus Japan. Sie kommen aus Spanien, und einer von ihnen, Felipe de Jesús, sogar aus Mexiko. Während die Spanier alle als Missionare nach Japan gekommen waren, gelangte Felipe de Jesús durch einen Schiffbruch auf die Insel. Dort schloß er sich seinen verfolgten Mitbrüdern an.

Felipe de las Casas, so ist sein Geburtsname, war Sohn spanischer Eltern in Mexiko. Als Jugendlicher zeichnet er sich durch Übermut und Streiche aus. Eines Tages jedoch tritt er in den Franziskanerorden ein. Nach kurzer Zeit läuft er von dort wieder weg, weil er die Härte des Lebensstils nicht ertragen kann. Mit wenig Glück versucht er sich dann als Silberschmied. Bald schickt ihn sein Vater nach Manila auf die Philippinen. „Dort sind deine beruflichen Chancen besser", meinte er.

In Manila holt Christus Felipe wieder ein. Sein Ruf wird in ihm zum festen Entschluß: „Wenn du mir nachfolgen willst, nimm dein Kreuz und folge mir" (Mt 16,24). Felipe tritt bei den Franziskanern in Manila ein. Er nimmt seine Entscheidung sehr ernst, betet viel, studiert und pflegt die Kranken. Er wird für würdig befunden, Priester zu werden. Um dieses Sakrament in seiner Heimat empfangen zu können, begibt er sich mit zwei Gefährten auf die Schiffsreise nach Mexiko. Ein Sturm verschlägt das Schiff an den Strand von Japan. Dort herrscht eine grausame Verfolgung der Christen.

Seine Reisegefährten fliehen. Felipe schließt sich seinen japanischen Ordensbrüdern an. Bald geraten sie in Gefangenschaft. Ein Spießrutenlaufen durch mehrere japanische Städte beginnt. Sie werden gehetzt, verhöhnt, verspottet. „Zum Spaß" schneidet man ihnen sogar ein Stück vom linken Ohr ab und jagt sie blutend als abschreckendes Beispiel durch die Stadt. In Nagasaki werden sie als Zeugen Christi gekreuzigt. Felipe de Jesús,

der mit einem Halseisen halb erstickt worden ist, stirbt als erster mit den Worten: „Jesus, Jesus, Jesus“.
Am 14. September 1627 wurden die Märtyrer von Nagasaki seliggesprochen. Pius IX. sprach sie am 8. Juni 1862 heilig. Die Kirche feiert am 6. Februar das Fest der japanischen Märtyrer unter dem Titel „Paulus Miki und seine Gefährten“. Felipe, der Märtyrer aus Mexiko, wird Patron seiner Heimatstadt Mexiko-City.
San Felipe steht am Anfang der großen Schar der Märtyrer im Lande Mexiko, denen bei verschiedenen blutigen Verfolgungen das Leben genommen worden ist.
San Felipe steht aber auch am Anfang einer missionarischen Bewegung der Kirche des latein-amerikanischen Kontinents, die sich in den großen Missionsauftrag der Weltkirche eingliedert und von der heute immer mächtigere Impulse ausgehen.

Gottesdienst

Anliegen

Der gemeinsame Weg des Gottesvolkes steht offen, Christus hat ihn durchschritten und die Heiligen, auch die Heiligen unseres Kontinents Lateinamerika: alle, die glaubensvoll starben in der Verteidigung für die Freiheit der Kirche, im Dienst für die Armen, die Indianer und die Sklaven. *6 Nr. 265*

Lied zum Beginn

GL 608 Ihr Freunde Gottes
bes. 4.: O ihr gekrönten Martyrer
oder
GL 610 Gelobt sei Gott in aller Welt
bes. 3.: Voll Mut bezeugten sie den Herrn

Persönliches Grußwort und liturgische Begrüßung

Unser Herr Jsus Christus, dem die Blutzeugen Felipe de Jesús und seine Gefährten nachgefolgt sind auf dem Weg des Leidens, sei mit euch!

Einführung

Im Verlauf ihrer Geschichte hat die Kirche in Lateinamerika auf verschiedene Weise Zeugnis für das abgelegt, woran sie glaubt. Ihre Treue gegenüber dem Statthalter Christi, die gegenseitige Hilfe der Teilkirchen, die Existenz und die Arbeit des lateinamerikanischen Bischofsrates sind Zeichen der Gemeinschaft, in der sie lebt.
Durch zahllose Priester, Ordensmänner, Ordensfrauen, Missionare und Laien war die Kirche unter den Ärmsten und Bedürftigsten anwesend, predigte die Botschaft und verwirklichte die Liebe, die der Geist in sie zur umfassenden Förderung des Menschen ausgießt. Sie hat Zeugnis dafür abgelegt, daß das Evangelium die Kraft hat, den Menschen zu erhöhen und ihm Würde zu verleihen. *(6 Nr. 964-965)*

Schuldbekenntnis

(vgl. GL 183, auch gesungen)

Wer leben will wie Gott auf dieser Erde, muß sterben wie ein Weizenkorn, muß sterben, um zu leben.
Herr, erbarme dich unser.
Die Menschen müssen füreinander sterben. Das kleinste Korn, es wird zu Brot, und einer nährt den anderen.
Christus, erbarme dich unser.
Den gleichen Weg ist unser Gott gegangen; und so ist er für dich und mich das Leben selbst geworden.
Herr, erbarme dich unser

Tagesgebet (Meßbuch 912)

Allmächtiger und barmherziger Gott, durch die Predigt und das Zeugnis der heiligen Märtyrer Felipe de Jesús und seiner Gefährten hast du vielen Menschen deinen Sohn als Erlöser geoffenbart. Höre auf ihre Fürsprache und festige uns im Glauben zum Lob und zur Ehre deines Namens. Darum bitten wir durch Jesus Christus.

Einleitung zur Lesung

„Wie Er werden wir immer das Kreuz haben; wie Er werden wir immer verfolgt sein; wie Er werden wir immer dem Schein nach besiegt werden; wie Er werden wir immer in Wirklichkeit triumphieren. Und zwar im Maß, als wir der Gnade treu sind, als wir Ihn in uns leben, in uns und durch uns handeln lassen.
Die Kirche folgt durch alle Zeiten hindurch dem Leben ihres gekreuzigten Gemahls . . .
Wie er, so leidet sie, ehe sie seine Herrlichkeit teilen wird . . .
Der Kampf zwischen dem Guten und dem Bösen dauert seit Anbeginn der Zeit und wird erst am Jüngsten Tag enden."

Charles de Foucauld, Er will unser Herz, Kevelaer 1979, S. 69

Lesung (1 Kor 1,18-27)

Die Botschaft vom Kreuz

Denn das Wort vom Kreuz ist denen, die verlorengehen, Torheit; uns aber, die gerettet werden, ist es Gottes Kraft. Es heißt nämlich in der Schrift:
Ich lasse die Weisheit der Weisen vergehen und die Klugheit der Klugen verschwinden.
Wo ist ein Weiser? Wo ein Schriftgelehrter? Wo ein Wortführer in dieser Welt? Hat Gott nicht die Weisheit der Welt als Torheit entlarvt? Denn da die Welt angesichts der Weisheit Gottes auf dem Weg ihrer Weisheit Gott nicht erkannte, beschloß Gott, alle, die glauben, durch die Torheit der Verkündigung zu retten. Die Juden fordern Zeichen, die Griechen suchen Weisheit. Wir dagegen verkündigen Christus als den Gekreuzigten: für Juden ein empörendes Ärgernis, für Heiden eine Torheit, für die Berufenen aber, Juden wie Griechen, Christus, Gottes Kraft und Gottes Weisheit. Denn das Törichte an Gott ist weiser als Menschen, und das Schwache an Gott ist stärker als die Menschen. Seht doch auf eure Berufung, Brüder! Da sind nicht viele Weise im irdischen Sinn, nicht viele Mächtige, nicht viele Vornehme, sondern das Törichte in der Welt hat Gott erwählt, um die Weisen zuschanden zu machen, und das Schwache in der Welt hat Gott erwählt, um das Starke zuschanden zu machen.

Zwischengesang

GL 614 Wohl denen, die da wandeln
oder
GL 241 Komm Heiliger Geist, der Leben schafft
bes. 2: Gib uns Schwachen Kraft und Mut

Einleitung zum Evangelium

Wir glauben, daß sich diese Welt verändern läßt. Und zwar durch Menschen, die Christus nachfolgen. Dazu braucht das Volk Priester, die es auf diesem Weg begleiten. Es ist ein unbequemes Leben, das Du führen wirst, wenn Du diesen Beruf ergreifst. Man wird Dich verlachen, verleumden, für verrückt erklären. Du wirst mit uns zu den abgelegenen Bergdörfern unterwegs sein, wo die Armen warten, daß ihnen jemand die Frohe Botschaft bringt. Deine Aufgabe wird es sein, in ihre Herzen die Liebe, die Gerechtigkeit und die Wahrheit zu säen. Es ist möglich, daß das einigen Leuten nicht gefällt, die von der Ungerechtigkeit und Lüge profitieren. Vielleicht werden sie Dir nach dem Leben trachten und Dich töten, so wie es Jesus Christus geschah. Wenn Du ein solches Leben wagen willst, komm zu uns. Wir brauchen Mitarbeiter!

(Offener Brief der Priester Michael Cypher und Ivan Betancourt aus Honduras von 1975, die im Zusammenhang mit einer Landarbeiterdemonstration verhaftet und ermordet wurden.) *(5,40)*

Evangelium (Mt 10,16-22,38.39)

Aufforderung zum furchtlosen Bekenntnis

Seht, ich sende euch wie Schafe mitten unter die Wölfe; seid daher klug wie die Schlangen und arglos wie die Tauben!
Nehmt euch aber vor den Menschen in acht! Denn sie werden euch vor die Gerichte bringen und in ihren Synagogen auspeitschen. Ihr werdet um meinetwillen vor Statthalter und Könige geführt, damit ihr vor ihnen und den Heiden Zeugnis ablegt. Wenn man euch vor Gericht stellt, macht euch keine Sorgen, wie und was ihr reden sollt; denn es wird euch in jeder Stunde eingegeben, was ihr sagen sollt. Nicht ihr werdet dann reden, sondern der Geist eures Vaters wird durch euch reden. Brüder werden einander dem Tod ausliefern und Väter ihre Kinder, und die Kinder werden sich gegen ihre Eltern auflehnen und sie in den Tod schicken. Und ihr werdet um meines

Namens willen von allen gehaßt werden; wer aber bis zum Ende standhaft bleibt, der wird gerettet.
Und wer nicht sein Kreuz auf sich nimmt und mir nachfolgt, ist meiner nicht würdig. Wer das Leben gewinnen will, wird es verlieren; wer aber das Leben um meinetwillen verliert, wird es gewinnen.

Predigtstichworte

1. Das Heilmittel gegen den Atheismus kann nur von einer situationsgerechten Darlegung der Lehre und vom integren Leben der Kirche und ihrer Glieder erwartet werden. Denn es ist Aufgabe der Kirche, Gott den Vater und seinen menschgewordenen Sohn präsent und sozusagen sichtbar zu machen, indem sie sich selbst unter der Führung des Heiligen Geistes unaufhörlich erneuert und läutert (das wird vor allem erreicht durch das Zeugnis eines lebendigen und gereiften Glaubens, der so weit herangebildet ist, daß er die Schwierigkeiten klar zu durchschauen und sie zu überwinden vermag. Ein leuchtendes Zeugnis dieses Glaubens gaben und geben die vielen Märtyrer). Dieser Glaube muß seine Fruchtbarkeit bekunden, indem er das gesamte Leben der Gläubigen, auch das profane, durchdringt und sie zu Gerechtigkeit und Liebe, vor allem gegenüber den Armen, bewegt.
(Konzilskonstitution über die Kirche in der Welt von heute Nr. 21)

2. Wie ihr Meister, so achteten auch die Apostel die legitime staatliche Autorität: „Es gibt keine Gewalt, die nicht von Gott stammt", lehrt der Apostel, und deshalb befiehlt er: „Jedermann sei den obrigkeitlichen Gewalten untertan . . .: wer sich der Gewalt widersetzt, widersteht der Anordnung Gottes" (Röm 13,1-2). Dabei scheuten sie sich nicht, der öffentlichen Gewalt zu widersprechen, wenn sie zu dem heiligen Willen Gottes in Gegensatz trat: „Man muß Gott mehr gehorchen als den Menschen" (Apg 5,29). Märtyrer und Gläubige ohne Zahl sind zu allen Zeiten überall diesen Weg gegangen.
(Konzilerklärung über die Religionsfreiheit, Nr. 11)

3. Freilich wendet sich die Botschaft Jesu sofort und immer auch gegen uns selbst, die wir hoffnungsvoll auf sein Kreuz blicken. Sie läßt es nämlich nicht zu, daß wir über seiner Leidensgeschichte die anonyme Leidensgeschichte der Welt vergessen; sie läßt es nicht zu, daß wir über seinem Kreuz die vielen Kreuze in der Welt übersehen, neben seiner Passion die vielen Qualen verschweigen, die ungezählten namenlosen Untergänge, das sprachlos erstickte Leiden, die

Verfolgung zahlloser Menschen, die wegen ihres Glaubens, ihrer Rasse oder ihrer politischen Einstellung in unserem Jahrhundert im Machtbereich faschistischer oder kommunistischer Systeme zu Tode gequält werden, die verfolgten Kinder seit den Zeiten des Herodes bis Auschwitz und bis in die jüngste Zeit.

(Synodenbeschluß: Unsere Hoffnung, I,2)

Fürbitten

Barmherziger und allmächtiger Vater, du regierst die Welt durch die freien Entscheidungen der Menschen. Auf die Fürsprache des ersten mexikanischen Märtyrers Felipe de Jesús und seiner Gefährten bitten wir dich für die Kirche und das Volk von Mexiko:
Komm befreie uns!

für seine staatlichen und kirchlichen Leiter, daß sie in Einfachheit und Demut sich ihre Begrenztheit und Fehlhandlungen eingestehen, die Sehnsucht des Volkes nach einer tiefgreifenden moralischen und gesellschaftlichen Erneuerung aufzugreifen wissen und die Solidarität der Mexikaner untereinander fördern;

für die Väter und Mütter, daß sie es verstehen, in ihren Kindern und in der Jugend die Wertschätzung und Liebe zu den menschlichen und christlichen Tugenden zu wekken und so den Samen eines Mexiko säen, das den Plänen Gottes entspricht;

für die benachteiligten Gruppen und für die Besitzer der Produktionsmittel, daß sie gemeinsam für eine gerechte Verteilung der Güter arbeiten und allen die Möglichkeit geboten wird, ihren Zustand zu verbessern;

für alle, die das Wort Gottes in diesem Lande verkündigen, daß ihre Verkündigung, gestützt auf das Zeugnis ihres Lebens, den Glauben wachsen lasse und ihn wirksam mache im Leben des einzelnen und der Gesellschaft.

Guter Vater, auf die Fürsprache unserer Mutter, der Lieben Frau von Guadalupe, höre unsere Bitten und erhöre uns durch Christus unseren Herrn.

Erarbeitung der Fürbitten: Priesterseminar Guadalajara, Mexiko, Missio-Adveniat Gebetsring Nr. 18

Lied zur Gabenbereitung

GL 620 Das Weizenkorn muß sterben

Gabengebet (Meßbuch 912)

Am Fest deiner Märtyrer Felipe de Jesús und seiner Gefährten bitten wir dich Herr: Laß uns in diesem Opfer den Tod deines Sohnes würdig verkünden. Denn er hat seine Zeugen nicht nur mit Worten zur Nachfolge gerufen, sondern durch das Beispiel seines Sterbens verpflichtet. Er, der mit dir lebt und herrscht in alle Ewigkeit.

Präfation

Meßbuch 434 „Der Märtyrer als Zeuge der Kraft Gottes“

Einleitung zum Vaterunser

Vater unser, nicht dein Vater, nicht mein Vater, unser Vater. Vater, der du uns zu Brüdern und Schwestern machst, der du uns in deinem Sohn neues Leben schenkst, der mit uns seinen Leib teilt und uns zu seinem Leib macht. Zu dir wollen wir beten:

aus Dame, Señor, un corazón-Chile

Zum Friedensgruß

Herr,
laß das Böse geringer werden
und das Gute um so kräftiger sein.
Laß die Traurigkeit schwinden

und Freude um sich greifen.
Laß uns annehmen und geben können
und einander behilflich sein.
Laß die Mißverständnisse aufhören
und die Enttäuschten Mut gewinnen.
Laß die Kranken Trost finden
und die Sterbenden deine Erbarmung.
Laß uns wohnen können auf Erden
und die Ernten gerecht verteilen.
Laß Frieden unter den Menschen sein,
Frieden im Herzen – rund um die Erde. *(GL 8,2)*

Danklied

GL 278 Ich will dir danken, Herr

Schlußgebet (Meßbuch 898)

Herr, unser Gott, du hast im Leben deiner heiligen Märtyrer Felipe de Jesús und seiner Gefährten das Geheimnis des Kreuzes aufleuchten lassen. Stärke uns durch das Opfer, das wir gefeiert haben, damit wir in der Nachfolge Christi ausharren und in deiner Kirche zum Heil der Menschen wirken. Darum bitten wir durch Christus, unseren Herrn.

Schlußlied

GL 644 Sonne der Gerechtigkeit
bes. 5.: Gib den Boten Kraft und Mut.

Praktischer Hinweis

1. Literatur

Die mexikanischen Märtyrer: Glaubenszeugen bis nach Japan, in: Zeugen des Glaubens, Mainz 1980, und in: Sie verteidigten die Menschenwürde, hrsg. v. Emil L. Stehle, Mainz 1982.

Lexikon der Namen und Heiligen, S. 906-915.

2. Folienprogramm

F 12/4, Kreuz gegen den hellen Himmel
F 3/1, Jesus am Kreuz
F 6/2, Jesus und Simon
F 15/2, Jesus der Schmerzensmann

OSKAR ARNULFO ROMERO
(1917-1980)
San Salvador

Martyrium im modernen Stil

Am Palmsonntag 1980 konnten in den Abendnachrichten Millionen Zuschauer auf dem Bildschirm die Tumulte in San Salvador miterleben, die beim Begräbnis des ermordeten Erzbischofs Oscar Romero entstanden waren. Sie sahen die Angst der Menschen bei den Schießereien auf dem Platz vor der Kathedrale und wurden Zeuge, wie in dem Durcheinander der Deckel des Sarges aufsprang: alle erblickten das Antlitz des Toten.
Die modernen Kommunikationsmittel erlauben heute eine schnelle Übermittlung aller Ereignisse aus anderen Kontinenten, sie schaffen aber auch eine brutale Nähe. Die Ermordung von Erzbischof Oscar Romero am 24. März 1980 während der Eucharistiefeier löste weltweit Abscheu aus und lenkte gleichzeitig den Blick auf ein von politischen Unruhen geschütteltes Land, das den Namen unseres Erlösers trägt, El Salvador.
Oscar Romero, am 15. August 1917 in der Stadt Barrios geboren, wird nach dem Studium in Rom und seiner Priesterweihe Sekretär des Bischofs von San Miguel, dann Pfarrer an der Kathedrale und Generalvikar. Als frommer und belesener Priester geschätzt, wird er im April 1970, 52jährig, Weihbischof in der Hauptstadt San Salvador. Zurückhaltend, fast mißtrauisch beobachtet er die verschiedenen kirchlichen Gruppen, die einen stärkeren politischen Einsatz fordern.
1975 wird er Diözesanbischof von Santiago de Maria, zwei Jahre später, am 22. Februar 1977, Erzbischof von San Salvador. Sechs Tage nach seiner Amtsübernahme, am 28. Februar, erlebt er ein Massaker an Menschen, die auf dem Platz der Freiheit gegen den Wahlbetrug der Regierung protestieren. Am 12. April wird sein Freund, der Jesuitenpater Rutilio Grande, mit seinem 14jährigen Ministranten und einem 65jährigen Katecheten erschossen. Erzbischof Romero fordert von der Regierung die unverzügliche Untersuchung der Vorfälle. Als nichts geschieht, fordert er zu öffentlichen Demonstrationen gegen den Ausnahmezustand auf und läßt alle katholischen Schulen drei Tage schließen. Nach Absprache mit seinem Klerus fallen am kommenden Sonntag alle Messen in der Erzdiözese aus, bis auf die Totenmesse in der Kathedrale. Einen Monat später berichtet er in Rom Papst Paul VI. von der Situation in der Erzdiözese. Von

seiten des Papstes erhält Romero Ermutigung in seinem entschlossenen Eintreten für die Armen, Bedrängten und Verfolgten, die unter einer Atmosphäre unberechenbarer Gewalttätigkeit leiden.
Gewisse kirchliche Kreise im Land sind erschrocken über das entschiedene Vorgehen Romeros und über die offene Anklage der staatlichen Ungerechtigkeiten. Romero erhält eine Einladung nach Rom, wo ihm mitgeteilt wird, daß einige Bischöfe seine Absetzung gefordert haben. Diese Uneinigkeit im Episkopat zeigt sich wieder, als Romero seinen Hirtenbrief: „Die Kirche und die politische Situation" veröffentlicht. Die Bischofskonferenz gibt eine eigene Stellungnahme heraus, der Hirtenbrief erscheint nur mit der Unterschrift Romeros und seines Weihbischofs Rivera Damas.
Erzbischof Romero wächst von Tag zu Tag an seinem schweren Amt, Hirte und Schützer seiner Herde zu sein. Er begründet ein Rechtshilfebüro. Sein Bischofshaus wird zum Treffpunkt für alle Fragenden und Ratsuchenden, „Cafeteria" nannten sie es in der Tarnsprache. Romero besucht die Gemeinden, steht immer zur Verfügung. Die Gruppen von Priestern, Ordensleuten und Laien, denen er 1975 mit äußerster Zurückhaltung begegnete, werden jetzt zu seinen engsten Mitarbeitern. Die Massaker, besonders der Mord an Rutilio Grande gleich in den ersten Tagen seiner Amtszeit, hatten ihn „umgekrempelt".
Erzbischof Romero nimmt an den Beratungen der lateinamerikanischen Bischofsversammlung im Januar/Februar 1979 in Puebla teil. Viele Journalisten interviewen ihn, denn kurz vor seiner Abreise waren ein Priester und vier Jugendliche einer Firmgruppe von der Nationalgarde überfallen und umgebracht worden.
Im Mai desselben Jahres ist eine weitere Romreise fällig. Die Einsetzung eines Visitators und Apostolischen Administrators soll erörtert werden. Zum Patrozinium der Erzdiözese am 6. August, Fest der Verklärung Christi, veröffentlicht er einen zuvor sorgfältig abgesprochenen, bedeutsamen Hirtenbrief über Puebla und seine Konsequenzen. Eine vierte Romreise Anfang 1980 führt über Löwen in Belgien, wo er den Ehrendoktortitel erhält. Seine Ansprache behandelt das Thema „Die politische Dimension des Glaubens".
Am 23. März, dem 5. Fastensonntag, hält er in der Kathedralkir-

che eine Predigt, die wie immer auch gleichzeitig über den Diözesansender ins Land übertragen wird. Eindringlich appelliert er an die Angehörigen der Armee, der Nationalgarde und der Polizei: „Versagt euch den Mordbefehlen. Ihr tötet eure eigenen Brüder unter den Bauern. Macht ein Ende mit der Repression!“ Am darauffolgenden Tag beim Abendgottesdienst für eine Verstorbene wird der 62jährige Erzbischof am Altar erschossen.
„Diene dem Vaterland! Töte einen Priester!“ stand an den Häusermauern in San Salvador. Erzbischof Romero hatte die vielen persönlichen Todesdrohungen nicht gefürchtet. Der Hirte ließ sein Leben für seine Herde.

Gottesdienst

Anliegen

Der gute Hirt – Vorkämpfer für die Rechte Gottes und der Menschenwürde

Lied zum Beginn

GL 291 Wer unterm Schutz des Höchsten wohnt
bes. 2.: Wo immer ihn Gefahr umstellt
bes. 3.: Wer an mich glaubt, sei unverzagt

Persönliches Grußwort und liturgische Begrüßung

Gott, der uns in Christus zum Leben in Fülle berufen hat, sei mit euch!

oder

Christus setzte sein Leben ein, um uns zu befreien! Er sei mit euch!

Einführung

Sogar grausame Schreckensnachrichten verlieren ihre schokkierende Wirkung, wenn sie ständig wiederkehren. So hat die Ermordung des Erzbischofs Oscar Arnulfo Romero am 24. März 1980 in El Salvador nur kurze Zeit die Weltpresse beschäftigt, obwohl diese Bluttat ein Alarmzeichen war für eine Situation, in der Gerechtigkeit und Menschenwürde durch Gewalt und Terror erstickt werden. Als Kommunist beschimpft, war der Erzbischof für die Rechten ein Umstürzler, und als Mann der Gewaltlosigkeit war er den Linken zu wenig radikal. Er selbst wollte nichts anderes sein als Hirte der Menschen, vor allem der Entrechteten, er wollte die Frohbotschaft des Friedens und der Versöhnung im Geiste der Gerechtigkeit und Liebe predigen. Sein Erfolg war die Teilnahme am Schicksal des Herrn: Verfolgung, Verleumdung, Ermordung. Wie er sind ungezählte Menschen in El Salvador ums Leben gekommen. Die Bischöfe von El Salvador bitten um ein intensives Gebet in den Familien und in den Gemeinden, damit Gott der Bevölkerung christlichen Starkmut schenke und die Bereitschaft zu lieben und zu verzeihen.

Missio-Adveniat Gebetsring, Nr. 9

Schuldbekenntnis

Man liest mit Staunen von den Märtyrern der Urkirche. Man kann es kaum fassen, wieviel Grausamkeit sich damals an den Christen ausgetobt hat.
Herr, erbarme dich unser.
Unser Jahrhundert hat der Kirche mehr Verfolgung, mehr Bedrängnis, mehr Tod gebracht als manche Jahrhunderte zuvor. Gewaltherrschaften von rechts und links schrieben ihre Geschichte mit dem Blut der Gläubigen.
Christus, erbarme dich unser.
Die Revolution der Liebe wird stets auf Unverstand und Ablehnung stoßen. Das Bekenntnis zu Jesus kann in uns aber die nötige Gelassenheit erwecken, wenn wir daran denken, daß auch Jesus sich zu uns bekennt.
Herr, erbarme dich unser.

Tagesgebet (Meßbuch 1057)

Gütiger Gott, dein Sohn hat jene selig gepriesen und deine Kinder genannt, die für den Frieden wirken. Gib uns die Bereitschaft, immer und überall für die Gerechtigkeit einzutreten, die allein den wahren Frieden sichert. Darum bitten wir durch Jesus Christus.

Einleitung zur Lesung

Zeugen des Glaubens in Lateinamerika:
Von vielen ist nicht einmal der Name bekannt; die meisten von ihnen treten z. B. in den Medien, wie der Aachener Bischof Klaus Hemmerle beim Requiem für Erzbischof Romero sagte, allenfalls als Teil einer Zahl in Erscheinung. Unter ihnen sind hochgestellte und einfache Menschen, Politiker und Nichtpolitiker, deren

einziges „Verbrechen“ das des pastoralen oder sozialen Engagements war. Viele Priester zählen dazu, im neueren El Salvador nicht weniger als ein Dutzend. Und die übrigen 350 Priester des Landes mußten über Jahre hinweg an Hauswänden und in Pamphleten lesen: „Tu etwas für dein Vaterland: Töte einen Priester!“ All diesen bekannten und unbekannten Priestern, Ordensleuten und Laien, die wie der gerechte Christus „nicht geschlagen haben, als sie geschlagen wurden“, und die in ihrem Verzicht auf Gegengewalt über dem Haß der sie Opfernden standen, gilt die erhebende Rede des Buches der Weisheit:

Emil L. Stehle (7,138)

Lesung (Weish 3,1-8)

Das jenseitige Los der Guten und der Bösen

Die Seelen der Gerechten sind in Gottes Hand, und keine Qual kann sie berühren. In den Augen der Toren sind sie gestorben, ihr Heimgang gilt als Unglück, ihr Scheiden von uns als Vernichtung; sie aber sind in Frieden.
In den Augen der Menschen wurden sie gestraft; doch ihre Hoffnung ist voll Unsterblichkeit.
Ein wenig nur werden sie gezüchtigt; doch sie empfangen große Wohltat. Denn Gott hat sie geprüft und fand sie seiner würdig.
Wie Gold im Schmelzofen hat er sie erprobt und sie aufgenommen als ein vollgütiges Opfer.
Beim Endgericht werden sie aufleuchten wie Funken, die durch ein Stoppelfeld sprühen.
Sie werden Völker richten und über Nationen herrschen, und der Herr wird ihr König sein in Ewigkeit.

Zwischengesang

GL 183 Wer leben will wie Gott auf dieser Erde
oder
GL 174 Jesus Christus ist der Herr (Phil 2,6-11)

Einleitung zum Evangelium

Am Abend des 24. März 1980 feierte Erzbischof Romero in der Kapelle des Krankenhauses der „Göttlichen Vorsehung" das Jahrgedächtnis für Frau Sara de Pinto. Dies war seine letzte Messe. In der Predigt führte er aus:
„Sie haben gerade die Worte Christi gehört. Es ist zwecklos, sich selbst zu lieben, sich vor den Gefahren des Lebens zu hüten. Die Geschichte stellt die Menschen in diese Gefahren, und wer ihnen ausweichen will, verliert sein Leben. Wer hingegen aus Liebe zu Christus sich in den Dienst der anderen stellt, wird leben, wie das Weizenkorn, das stirbt, aber nur dem Scheine nach. Stirbt es nicht, so bleibt es allein. Die Ernte setzt das Sterben voraus. Nur was sich auflöst, trägt Frucht.
Wir wissen, daß niemand für immer stirbt und daß diejenigen, die ihre Aufgabe mit tiefem Glauben, mit Hoffnung und Liebe erfüllt haben, die Krone erhalten werden. In diesem Sinne beten wir für Doña Sarita und uns selbst . . . "
(in diesem Augenblick fiel der tödliche Schuß)

Aus: Die Stimme der Gerechtigkeit, Adveniat Zeugnisse/ Berichte/Kommentare, Heft Nr. 5, S. 32)

Evangelium (Joh 12,20-32)

Die letzte öffentliche Rede Jesu – Die Stunde der Entscheidung

Auch einige Griechen waren anwesend – sie gehörten zu den Pilgern, die beim Fest Gott anbeten wollten. Sie traten an Philippus heran, der aus Betsaida in Galiläa stammte, und sagten zu ihm: Herr, wir möchten Jesus sehen. Philippus ging und sagte es Andreas; Andreas und Philippus gingen und sagten es Jesus. Jesus aber antwortete ihnen: Die Stunde ist gekommen, daß der Menschensohn verherrlicht wird. Amen, amen, ich sage euch: Wenn das Weizenkorn nicht in die Erde fällt und stirbt, bleibt es allein; wenn es aber stirbt, bringt es reiche Frucht. Wer an seinem Leben hängt, verliert es; wer aber sein Leben in dieser Welt geringachtet, wird es bewahren bis ins ewige Leben. Wenn einer mir dienen will, folge er mir nach; und

**wo ich bin, dort wird auch mein Diener sein. Wenn einer mir dient, wird der Vater ihn ehren.
Jetzt ist meine Seele erschüttert. Was soll ich sagen: Vater, rette mich aus dieser Stunde? Aber deshalb bin ich in diese Stunde gekommen. Vater, verherrliche deinen Namen! Da kam eine Stimme vom Himmel: Ich habe ihn schon verherrlicht und werde ihn wieder verherrlichen. Die Menge, die dabeistand und das hörte, sagte: Es hat gedonnert. Andere sagten: Ein Engel hat zu ihm geredet. Jesus antwortete und sagte: Nicht mir galt diese Stimme, sondern euch. Jetzt wird Gericht gehalten über diese Welt; jetzt wird der Herrscher dieser Welt hinausgeworfen werden. Und ich, wenn ich über die Erde erhöht bin, werde alle zu mir ziehen.**

Predigtstichworte

1. (Der Papst bei der Messe in San Salvador am 6. März 1983):
Wie viele zerstörte Häuser und Familien! Wie viele Flüchtlinge, Verbannte und Vertriebene! Wie viele Waisen! Wie viele edle und unschuldige Menschenleben grausam und brutal niedergetreten, ausgelöscht! Auch von Priestern und Ordensleuten, treuen Dienern der Kirche, ja sogar das eines eifrigen und hochverehrten Oberhirten, des Erzbischofs dieser Herde, Oscar Arnulfo Romero, der genau wie die anderen Brüder im Bischofsamt sich darum bemühte, daß die Gewalt aufhöre und der Friede wiederhergestellt werde. In Erinnerung an ihn bitte ich darum, daß sein Andenken immer geachtet werde; kein ideologisches Interesse soll den Versuch machen, das Opfer, das er als Hirte für seine Herde dargebracht hat, umzufälschen. *(4,58)*

2. Wort des Papstes in der Kathedrale von San Salvador am 6. März 1983 Für eine gerechte Welt:
Die Kathedrale ist der Sitz des Bischofs jeder Ortskirche, der Ort, wo er das Evangelium verkündet, den der Heilige Geist bestellt hat, die Herde Christi zu weiden, wie das jeder Bischof tut.
Mein Besuch in dieser ehrwürdigen Kirche will deshalb eine Einladung an euch alle sein, damit ihr euch immer von euren Hirten leiten laßt, gestern von denen, die ihm vorangegangen sind, und heute von euerm neuen Erzbischof Arturo Rivera Damas.
In diesen Mauern ruhen die sterblichen Überreste von Oscar Arnulfo

Romero, des eifrigen Hirten, den die Liebe zu Gott und der Dienst an den Brüdern bis zum Opfer seines Lebens durch die Gewalt führte, während er das Opfer der Vergebung und Versöhnung feierte. Für ihn wie für die anderen ehrwürdigen Hirten, die zu ihrer Zeit das Volk der gläubigen Salvadorianer geführt haben, beten wir erneut zum gerechten und erbarmenden Gott, damit sein ewiges Licht ihnen leuchte. Sie opferten sich für alle; sie appellierten an alle, sich von Jesus leiten zu lassen, der, als er Mitleid mit der Menge hatte, sich bemühte, eine gerechtere, menschliche und brüderliche Welt zu bauen, in der wir alle leben möchten. *(4,68)*

3. Leise Schreie um einen toten Bruder

Am 23. März 1980 wurde Bischof Romero von El Salvador während der Eucharistiefeier am Altar durch eine Kugel getötet. Auch wir in Peru, Volk und Kirche, waren tief erschüttert. Unter Trauer und Hoffnung feierten wir eine Totenmesse.

In Bischof Romero sehen wir das große Beispiel der christlichen Humanität. Wir wissen wieder einmal mehr, wie ernst es ist, dem Evangelium zu folgen. Bischof Romero war ein Lehrer der Wahrheit, denn er konnte nicht vor der Wahrheit fliehen. Er war ein Verteidiger der Gerechtigkeit, der die Armen nicht um irgend welcher Privilegien willen verkaufte. Er war ein Bruder und Freund der armen, geknechteten Bauern und Arbeiter. Bischof Romero ist ein Symbol der lateinamerikanischen Kirche. So beten wir mit jenen, die die Gerechtigkeit suchen:

Freund Romero,
verzeih, wie du im Leben verziehst
allen, die dich verdächtigen,
die dich falscher Ideologien beschuldigen
und der Untreue am Glauben.
Viele deiner Söhne schauen auf dich,
mit Hoffnung, mit Bangen, mit
Zittern im Herzen.
Sie sehen die Mörder kommen,
um dich und die Botschaft
des Herrn auszulöschen.
Aber sie wissen: Niemand stirbt für immer.

Eine Laienmissionarin aus Peru (5,277)

Fürbitten

Antwort: Herr, wir hoffen auf dich!
Gott Vater, dein Sohn Jesus Christus hat uns gesagt: „Selig, die um der Gerechtigkeit willen verfolgt werden."

Wir bitten dich:
Gib allen Dienern der Kirche in El Salvador die Kraft, trotz aller Widerwärtigkeiten und Bedrängnisse deiner Kirche und ihrer Sendung treu zu bleiben.

Bring die Verfolger und Feinde der Kirche zur Einsicht und zur Umkehr ihrer verhärteten Herzen.

Erwecke in der Kirche von El Salvador den Geist der Liebe und Eintracht und laß nicht zu, daß Unrecht mit Unrecht und Gewalt mit Gewalt vergolten werden.

Stehe allen Getauften bei, am Mut des ermordeten Erzbischofs Romero ein Beispiel zu nehmen, um inmitten von Not und Verfolgung dein Wort der Wahrheit und Liebe zu bezeugen und zu befolgen.

Laß die Kirche in El Salvador und ganz Mittelamerika ein Vorbild sein für alle Christen in der Welt, daß sie sich nicht einschüchtern lassen, sondern sich zu dir bekennen.

Herr, du offenbarst dich als der Lebendige, da du uns helfend uns stärkend zur Seite stehst. Laß alle Menschen begreifen, daß deine umgestaltende Macht in unserer Zeit wirksam ist: der du lebst jetzt und in Ewigkeit.

Missio-Adveniat Gebetsring, Nr. 9

Lied zur Gabenbereitung

GL 620 Das Weizenkorn muß sterben
oder
GL 614 Wohl denen, die da wandeln

Gabengebet (Meßbuch 349,5)

Herr und Vater, was wir für dieses heilige Mahl bereitet haben, das nimm gnädig in das Geheimnis deines Sohnes auf. Er ist schuldlos um der Schuldigen willen in den Tod gegangen. Erlöse uns von aller Bosheit und reinige uns durch seine Reinheit. Darum bitten wir durch ihn, Christus, unseren Herrn.

Präfation (Meßbuch 454)

Der Eine, der für alle starb

Einleitung zum Vaterunser

Guter Vater, mit dem Auferstandenen wollen wir leben, mit ihm wollen wir auch beten:

Zum Friedensgruß

Aus der Ansprache des Papstes beim Wortgottesdienst für die Jugend im Sportstadion von San José (Costa Rica) am 3. März 1983:
(mit verschiedenen Sprechern)
Nein zum Egoismus;
Nein zur Ungerechtigkeit;
Nein zum Genuß ohne moralische Normen;
Nein zur Verzweiflung;
Nein zum Haß und zur Gewalt;
Nein zu den Wegen ohne Gott;
Nein zu Verantwortungslosigkeit und Mittelmäßigkeit;
Ja zu Gott, zu Jesus Christus, zur Kirche;
Ja zum Glauben und zur Verpflichtung, die er einschließt;
Ja zur Achtung der Würde, der Freiheit und der Rechte der Personen;
Ja zu dem Bemühen, den Menschen zu erhöhen und ihn zu Gott zu führen;
Ja zur Gerechtigkeit, zur Liebe, zum Frieden;

Ja zur Solidarität mit anderen, besonders mit den Bedürftigsten;
Ja zur Hoffnung;
Ja zu eurer Pflicht, eine bessere Gesellschaft aufzubauen.

(4,33)

Lied zur Kommunion

GL 631 Freut euch und jubelt, denn euer Lohn ist groß
(Mt 5,3-10 Die Seligpreisung)
oder
GL 249 Der Geist des Herrn erfüllt das All

Schlußgebet (Meßbuch 1057)

Gütiger Gott, du hast uns mit dem Brot des Himmels gestärkt, das die Welt erneuert. Schenke uns durch dieses Zeichen der Einheit wahre und aufrichtige Liebe, die den aufstrebenden Völkern zu Hilfe kommt und ihre Sehnsucht nach Gerechtigkeit erfüllt, darum bitten wir durch Christus, unseren Herrn.
oder Meßbuch 526,5

Schlußlied

GL 572 Salve! Maria, Königin, Mutter und Helferin
oder
GL 576 Freu dich, du Himmelskönigin

Praktischer Hinweis

1. Literatur

Erzbischof Oscar Arnulfo Romero – Märtyrer der Sozialen Gerechtigkeit, in: Zeugen des Glaubens, Mainz 1980, und in: Sie verteidigten die Menschenwürde, hrsg. v. Emil L. Stehle, Mainz 1982.

Mein geschundenes Volk, Der letzte Hirtenbrief des Erzbischofs O. Romero, ADVENIAT Zeugnisse/Berichte/Kommentare, Heft Nr. 8.

Oscar Romero – Für die Armen ermordet. Wie der Erzbischof von San Salvador das Evangelium verkündet hat, 9 Predigten 1979-1980, Herder, Freiburg 1982.

Ludwig Kaufmann, Oscar Romero oder Der Bischof der Armen, Kap. 3, in: Damit wir morgen Christ sein können, Freiburg 1984.

Eva-Maria Kremer, Mord am Altar, Das Zeugnis des Erzbischofs Romero, Luzern 1981.

2. Tonbild

Zum Beispiel Hector Gallego, ADVENIAT

3. Folienprogramm

F 2/2, Johannes der Täufer
F 3/1, Jesus am Kreuz
F 5/1, Campesinos mit Kind
F 6/2, Jesus und Simeon
F 14/2, Kind mit Kreuz
F 15/2, Christus der Schmerzensmann
F 20/2, Aufgehende Sonne, Palmen, Hütten

MARIA DEL ROSARIO GODOY
DE CUEVAS
(1961-1985)
Guatemala

Lebend hat man sie uns genommen . . .

„Die weiße Rose" ist seit 1943 in Deutschland ein Zeichen des Widerstandes gegen Tyrannei und Unterdrückung. Eine weiße Nelke ist das Zeichen der „Gruppe für gegenseitige Hilfe in Guatemala", die seit 1984 für die Rückkehr verschwundener und entführter Angehöriger kämpft. Die Mitglieder versuchen dies mit friedlichen Mitteln, mit Petitionen, Gesprächen und Anzeigen. Sie haben Demonstrationen durchgeführt, eine Parlamentsbesetzung unternommen und die Freunde im Ausland zur Solidarität aufgerufen. Die Antwort der politischen Machthaber: Der Sprecher der Gruppe, Héctor Orlando Gómez, wird entführt, gefoltert und am 30. März 1985 ermordet aufgefunden. Fünf Tage später geschieht ein weiterer entsetzlicher Mord, am Gründonnerstag, dem 4. April 1985, kehrt die stellvertretende Sprecherin der Gruppe, Maria del Rosario Godoy de Cuevas (24), von einem Einkauf nicht mehr zurück. Mit ihr gefahren waren ihr zweijähriger Sohn Augusto Rafael und ihr 21jähriger Bruder, den sie zum Schutze mitgenommen hatte. Das Auto mit den drei Personen wird nach einem angeblichen Autounfall in einem tiefen Graben wiedergefunden. Der Erzbischof von Guatemala erhebt öffentlich Anklage, weil die Leichen Spuren gewaltsamer Einwirkung zeigen. Wer sind die Täter? Wer zieht diese zur Rechenschaft? Warum mußte Rosario mit ihrem Sohn und ihrem Bruder sterben?

Knapp ein Jahr zuvor, am 15. Mai 1984, wurde Rosarios Mann, Carlos Ernesto Cuevas (23), Leiter einer Studentengruppe, auf offener Straße entführt. Sein Vater war der frühere Rektor der Universität San Carlos. Rosario begann die Suche nach ihrem Mann. Schon im Juni 1984 schließt sie sich mit 50 Angehörigen zur „Grupo Apoyo Mutuo" (GAM) zusammen. In der Mehrzahl handelt es sich dabei um Frauen aller gesellschaftlichen Schichten. Das Anliegen der GAM ist in dem Satz zusammengefaßt: „Lebend hat man sie uns genommen, lebend wollen wir sie wiederhaben."

Am 30. März 1985 schreibt sie an die Familie ihres Mannes: „. . . Ich werde fast verrückt. Seit zehn Monaten möchte ich mir am liebsten eine Kugel durch den Kopf schießen; es fällt mir nichts mehr ein, was ich tun könnte. Die Tage und Nächte vergehen so schnell und doch so langsam, daß ich vom Erdboden verschwinden und diesen Alptraum nie erlebt haben möchte. Wenn ich Augusto Rafael anschaue, wächst meine Verzweiflung. Seine Augen, die hilfesuchend nach Ruhe und einem glücklichen und sicheren Heim flehen, sind etwas Schreckliches für mich. Jetzt bin ich gesellschaftlich kontaktarm, denke nur an Carlos und überlege ständig, wie ich ihn befreien kann. Ein anderes Thema habe ich nicht. Bestimmt glaube ich, daß mir entweder Carlos lebendig zurückgegeben wird oder daß man mich auch mitnimmt. Aber eines ist sicher, ich werde nie, nie ruhen, bis ich mein ‚Dickerchen' gefunden habe, und ich glaube, Ihr auch nicht . . ."

In ihrem rastlosen Einsatz für ihren verschwundenen Mann und die Brüder, Väter und Söhne der anderen Frauen erfährt Rosario Angst und Bedrohung, selbst zu den Verfolgten zu gehören. Die schmerzhaften Geheimnisse ihres Namens Rosario (Rosenkranz) werden in den eigenen Lebensstationen durchlitten: Jesus wird gefangengenommen, gequält und stirbt am Kreuze. Der Karfreitag wird für Rosario blutiger Ernst.

Gott allein, der die Herzen aller Menschen kennt, weiß um die Aufschreie der Gefolterten, der Eingekerkerten und der Ermordeten. Im vierten Hochgebet der Eucharistiefeier beten wir „deren Glauben niemand kennt als Du". Hierin sind eingeschlossen die großen Scharen der Männer und Frauen, der alten und jungen Menschen und auch der Kinder, denen durch Gewalt, Terror und Bosheit das Leben entrissen worden ist.

Gottesdienst

Anliegen

Unser Gebet schlägt eine Brücke. Keine Mauer, kein Zaun, keine Entfernung kommt dagegen an.

Lied zum Beginn

GL 621 Ich steh vor dir mit leeren Händen, Herr
oder
GL 619 Was ihr dem geringsten Menschen tut
bes. 2.: Er wird überall verdächtigt
bes. 3.: In unmenschlichen Systemen

Persönliches Grußwort und liturgische Begrüßung

Unser Herr Jesus Christus, der uns auffordert zu furchtlosem Bekenntnis, sei mit euch.

Einführung

Mit Kaiser Konstantin, meinten manche, seien die Christenverfolgungen beendet worden. Tatsache ist aber, daß ihr Umfang im 20. Jahrhundert wesentlich größer ist als je zuvor, obwohl fast alle Nationen dieser Erde die Glaubens- und Religionsfreiheit, ebenso wie die übrigen Grundrechte, in ihre Verfassungen aufgenommen haben. Tagtäglich müssen wir erfahren, daß Gläubige verhaftet und getötet, Priester und Missionare ausgewiesen, gefoltert und ermordet werden. Wir müssen miterleben, wie das Recht des einzelnen zur Ausübung seiner Religion, das Recht der Familien, ihre Kinder im Glauben zu erziehen, und das Recht der religiösen Gemeinschaften, ihren Glauben zu leben, unterdrückt werden.
In einer Hinsicht ähneln die Verfolgungen der Kirche in den ersten Jahrhunderten unserer Zeitrechnung den heutigen allerdings verblüffend, nämlich in der zentralen Forderung: Christus und seine Lehre zu verleugnen. Und zwar heute wie damals, weil die Lehre Christi als Gefahr für den jeweiligen Staat angesehen wird.

Aus: Christen unter dem Kreuz, Zentralstelle Weltkirche, Deutsche Bischofskonferenz 1980, Arbeitshilfen 8, Vorwort.

Schuldbekenntnis

Herr Jesus Christus –
Sei hier zugegen, Licht unseres Lebens.
Sei hier zugegen, damit wir leben.
Sei hier zugegen mit deinem Leben.
Herr, erbarme dich.
Herr Jesus Christus –
Komm und erleuchte uns, komm und befreie uns.
Du bist uns nahe seit Menschengedenken.
Und deine Ohnmacht ist stärker als Menschen.
Christus, erbarme dich unser.
Herr Jesus Christus –
Sei du uns gnädig und hab Erbarmen.
Denn in dir leben wir, in dir bestehen wir.
In deinem Licht können wir sehen.
Herr, erbarme dich.

Vgl. GL 764: Litanei von der Gegenwart Gottes

Tagesgebet (Meßbuch 310,16)

Gott, unser Vater. Bedrückt vom Elend unserer Zeit, kommen wir zu dir. Sieh auf die Not und Hilflosigkeit so vieler Menschen. Laß sie an ihrem Schicksal nicht zerbrechen. Stärke unter uns das Bewußtsein der Verantwortung füreinander, damit wir anfangen, brüderlich zu teilen und einander beizustehen. Darum bitten wir durch Jesus Christus.

Einführung zur Lesung

Der Glaube muß zu Gerechtigkeit und Frieden führen – aus der Predigt von Papst Johannes Paul II. bei der Messe auf dem Marsfeld in Guatemala-City am 7. März 1983:
Der Glaube lehrt uns, daß der Mensch das Abbild Gottes ist (vgl. Gen 1,27); das heißt, daß er mit unendlicher Würde ausgestattet ist. Wenn man nun gegen den Menschen Gewalt anwendet; wenn seine Rechte verletzt werden, wenn man gegen ihn

himmelschreiende Ungerechtigkeiten begeht, ihn foltert, ihn gewaltsam entführt oder sein Recht auf Leben verletzt, begeht man ein Verbrechen und beleidigt Gott schwerstens; Christus beschreitet dann nochmals den Leidensweg und erduldet im Entrechteten und Unterdrückten nochmals die Schrecken des Kreuzestodes. *(4,71)*

Lesung (Gen 1,6-2,4a)

Was Gott gemacht hatte: Es war sehr gut

Dann sprach Gott: Laßt uns Menschen machen als unser Abbild, uns ähnlich. Sie sollen herrschen über die Fische des Meeres, über die Vögel des Himmels, über das Vieh, über die ganze Erde und über alle Kriechtiere auf dem Land. Gott schuf also den Menschen als sein Abbild; als Abbild Gottes schuf er ihn. Als Mann und Frau schuf er sie. Gott segnete sie, und Gott sprach zu ihnen: Seid fruchtbar, und vermehrt euch, bevölkert die Erde, unterwerft sie euch, und herrscht über die Fische des Meeres, über die Vögel des Himmels und über alle Tiere, die sich auf dem Land regen. Dann sprach Gott: Hiermit übergebe ich euch alle Pflanzen auf der ganzen Erde, die Samen tragen, und alle Bäume mit samenhaltigen Früchten. Euch sollen sie zur Nahrung dienen. Allen Tieren des Feldes, allen Vögeln des Himmels und allem, was sich auf der Erde regt, was Lebensatem in sich hat, gebe ich alle grünen Pflanzen zur Nahrung. So geschah es. Gott sah alles an, was er gemacht hatte: Es war sehr gut. Es wurde Abend, und es wurde Morgen: der sechste Tag.
So wurden Himmel und Erde vollendet und ihr ganzes Gefüge. Am siebten Tag vollendete Gott das Werk, das er geschaffen hatte, und er ruhte am siebten Tag, nachdem er sein ganzes Werk vollbracht hatte. Und Gott segnete den siebten Tag und erklärte ihn für heilig; denn an ihm ruhte Gott, nachdem er das ganze Werk der Schöpfung vollendet hatte.

Das ist die Entstehungsgeschichte von Himmel und Erde, als sie erschaffen wurden.

Zwischengesang

GL 624 Auf dein Wort, Herr
bes. 1.: Stirbt noch immer ungehört
bes. 3.: Für den Frieden in der Welt

Einleitung zum Evangelium

Das Kreuz ist nun einmal Wirklichkeit bis zum heutigen Tag, die an Christus Glaubenden werden verfolgt, wahrheitsliebende Menschen werden nicht geduldet von einem ehebrecherischen Geschlecht – das ist genug Beweis für die Wahrheit des Christentums. Was sich den Augen der Welt als Narretei darstellt, ist aus der Sicht des Gläubigen höchste Wahrheit. Dies ist so offenkundig, daß es jeder verstehen müßte, er nicht verblendet ist. Um im verfolgten und gekreuzigten Christus Gott zu erkennen, bedarf es himmlischer Weisheit und Herzensreinheit. Selig, die reinen Herzens sind, denn sie werden Gott schauen. Ein sündiges Geschlecht sucht einen anderen Weg, und wenn es auf eine Mauer trifft, versucht es, diese zu durchbrechen. Sieh dich um, du hast sie aufgerichtet, während Christus heimatlos umherirrt und an die Türen der Menschen klopft. Wenn du ihn in deiner Hartherzigkeit abweist, kannst du dann die Wahrheit des Kreuzes verstehen, die Göttlichkeit Christi? Er aber wird weiterhin bei dir anklopfen und Einlaß suchen.

Aus: Dudko, Mimitrij S., Ein ungeschriebenes Buch, Graz, Wien, Köln 1978

Evangelium (Mt 10,16-39)

Aufforderung zu furchtlosem Bekenntnis

Seht, ich sende euch wie Schafe mitten unter die Wölfe; seid daher klug wie die Schlangen und arglos wie die Tauben!
Nehmt euch aber vor den Menschen in acht! Denn sie werden euch vor die Gerichte bringen und in ihren Syn-

agogen auspeitschen. Ihr werdet um meintwillen vor Statthalter und Könige geführt, damit ihr vor ihnen und den Heiden Zeugnis ablegt. Wenn man euch vor Gericht stellt, macht euch keine Sorgen, wie und was ihr reden sollt; denn es wird euch in jener Stunde eingegeben, was ihr sagen sollt. Nicht ihr werdet dann reden, sondern der Geist eures Vaters wird durch euch reden. Brüder werden einander dem Tod ausliefern und Väter ihre Kinder, und die Kinder werden sich gegen ihre Eltern auflehnen und sie in den Tod schicken. Und ihr werdet um meines Namens willen von allen gehaßt werden; wer aber bis zum Ende standhaft bleibt, der wird gerettet. Wenn man euch in der einen Stadt verfolgt, so flieht in eine andere. Amen, ich sage euch: Ihr werdet nicht zu Ende kommen mit den Städten Israels, bis der Menschensohn kommt. Ein Jünger steht nicht über seinem Meister und ein Sklave nicht über seinem Herrn. Der Jünger muß sich damit begnügen, daß es ihm geht wie seinem Meister, und der Sklave, daß es ihm geht wie seinem Herrn.

Predigtstichworte

1. Aus dem Tagebuch eines Begleiters des Papstes durch Mittelamerika:
   Für die Begleiter des Papstes gab es kaum ein dichteres Bild der Kontraste als in Guatemala. Der dortige Präsident, seit einem Jahr durch einen Staatsstreich junger Offiziere im Amt, Hilfsprediger der 1972 in Kalifornien gegründeten Sekte „Verbo", lud den Papst ein. Der Papst sandte am Vorabend seiner Reise seinen Nuntius zum Präsidenten und bat um das Leben von sechs unter Ausschluß der Öffentlichkeit wegen „Aufstandes" zum Tode verurteilter Männer. Der Präsident ließ sie jedoch noch während des Fluges des Papstes hinrichten. Darüber und über den Schock des Papstes wurde überall in der Presse ausführlich berichtet. Nicht aber über die Reden des Präsidenten bei der Begrüßung und beim Abschied auf dem Flughafen, wo der 45 Jahre seines Lebens katholisch gewesene Präsident den Papst über die Christlichkeit belehrt und ihm seinen Segen anbietet. „Wie ein Lamm", so mußten wir als Augen- und Ohrenzeugen mit einem Text der Bibel denken, das auf seinem Weg zur

Schlachtbank seinen Mund nicht auftut, ließ Johannes Paul II. dies alles über sich ergehen, um die guatemaltekischen Schwestern und Brüder zu trösten, sie in der Liebe zueinander und ihren Feinden zu ermutigen, sie gegen ein in Guatemala zur Zeit aggressives Proselytentum im katholischen Glauben zu festigen, das Leben der Katecheten zu schützen und auf die elende Lage der Indios hinzuweisen. Dafür erhielt Johannes Paul II. vom Volk sowohl auf der Straße als bei den Meßfeiern einen in seiner Herzlichkeit nicht beschreibbaren Beifall. Und die Priester und Ordensleute, überwältigt von der Spontaneität des Papstes, bekundeten ihm in diesem Land uneingeschränkte Treue und Ergebenheit.

(Aus: Emil L. Stehle, Der Papst im Feuerofen, Johannes Paul II. in Zentralafrika, Adveniat Große Schriftenreihe 23

2. Aus der Predigt des Papstes bei der Messe auf dem Marsfeld in Guatemala-City am 7. März 1983:
   Männer aller Positionen und Ideologien, die ihr mir zuhört: Vernehmt das Flehen, das ich an euch richte. Vernehmt es, denn ich richte es an euch aus der Tiefe meines Glaubens, meines Vertrauens und meiner Liebe zum leidenden Menschen! Vernehmt es, weil ich es im Namen Christi an euch richte! Denkt daran, daß jeder Mensch euer Bruder ist und werdet zu achtungsvollen Verteidigern seiner Würde! Über alle sozialen, politischen, ideologischen, rassischen und religiösen Unterschiede hinweg soll immer in erster Linie das Leben eures Bruders gesichert sein, das Leben jedes Menschen. *(4,71)*

3. Bischofskonferenz Guatemalas Januar 1982:
   Die Ursache für die Gewalt in Mittelamerika läßt sich nicht einfach auf marxistische und subversive Indoktrinierung zurückführen, die andererseits in unserem Volk auch keinen Anklang gefunden hätte, wenn sich dies nicht infolge des Hungers, der Armut, der Krankheit und des Mangels an Wissen in einem Zustand tiefster Verzweiflung befunden hätte. *(Adveniat 23,24)*

4. Der Papst beim Abschied von Guatemala:
   Ich konnte ihnen keine fertige Lösung bringen, da die vielfältigen Probleme die Möglichkeiten der Kirche übersteigen. Aber ich bin voller Achtung und Liebe und mit einem Wort zu ihnen gekommen, das ihrem stummen und manchmal vergessenen Leiden eine Stimme vor der Welt verleiht; ich bin gekommen, mit der Einladung, die innere Einstellung zu ändern und den Weg des Friedens in Gerechtigkeit und Würde einzuschlagen; mit einem Wort des Mutes und der Hoffnung, das selbst in jenen, deren Herz durch Gewalt und Schmerz verhärtet ist, Früchte tragen möge. *(Adveniat 23, 16)*

Fürbitten

Unser Herr Jesus Christus hat am eigenen Leib Verfolgung bis zum gewaltsamen Tod erfahren. Zu ihm wollen wir beten:

für den Papst, die Bischöfe und alle, die an Christus glauben, daß sie Zeugnis geben von der Wahrheit.
Christus, höre uns! – Christus, erhöre uns!

für alle, die in dieser Welt Macht und Einfluß haben, um den Geist der Gerechtigkeit und des Friedens.
Christus, höre uns! – Christus erhöre uns!

für die Unterdrückten und Verfolgten, daß sie Trost finden im Blick auf den gekreuzigten und auferstandenen Herrn.
Christus, höre uns! – Christus, erhöre uns!

für uns selbst um eine tiefe Verbundenheit mit unseren verfolgten Mitchristen.
Christus, höre uns! – Christus, erhöre uns!

Herr, du nennst uns deine Freunde, wenn wir dir nachfolgen. Auf dich vertrauen wir, denn du bist immer bei uns.

Aus: Gebetstag für die verfolgte Kirche am 11. Mai 1980,
Deutsche Bischofskonferenz, Arbeitshilfen 13,5f.

Lied zur Gabenbereitung

GL 620 Das Weizenkorn muß sterben
bes. 2.: Verschenkte sich wie Brot
bes. 3.: Soll selber sein wie Brot

Gabengebet (Meßbuch 1051)

Herr, unser Gott, nimm unsere Gebete und Gaben an. Steh allen Gläubigen bei, die unter Verfolgung zu leiden haben. Schenke ihnen Freude darüber, daß sie mit Christus im Opfer vereint sind, und gib ihnen die Zuversicht,

daß ihre Namen verzeichnet sind im Buch des Lebens. Darum bitten wir durch Christus, unseren Herrn.

Votivhochgebet

„Versöhnung" mit entsprechender Präfation
oder Viertes Hochgebet mit entsprechender Präfation

Einleitung zum Vaterunser

Guter Vater, mit deinem Sohn wollen wir leben. Mit ihm wollen wir auch beten:

Zum Friedensgruß

Die Zeichen der Zeit erkennen, heißt erkennen, daß die Welt sich nach Frieden sehnt, nicht als Waffenstillstand durch das Gleichgewicht des Schreckens, durch die „balance of power", sondern als einen umfassenden und übergreifenden Zustand, in dem „die Liebe den Haß, die Freiheit jede Knechtschaft, der Friede den Krieg, die Gerechtigkeit das Unrecht und Brüderlichkeit jede Unterdrückung überwindet". Die Kirche als universales Sakrament und das Evangelium von Gottes Herrschaft und Reich, das das Antlitz Jesu Christi trägt, der der Friede ist, die Botschaft von der Einheit von Gottes- und Menschenliebe kommt dieser Sehnsucht entgegen und gibt ihr die stärksten Kräfte. *Heinrich Fries, Die Zeichen der Zeit erkennen: Mission, Missio-Pastoral, Heft 3/76*

Lied zur Kommunion

GL 617 Nahe wollt der Herr uns sein
bes. 3.: In menschlicher Gestalt unser aller Bruder
bes. 4.: Bleibt um seinetwillen euch keine Liebe schuldig
oder
GL 183 Wer leben will wie Gott
bes. 4.: Die Menschen müssen füreinander sterben
bes. 5.: Den gleichen Weg ist unser Gott gegangen

Schlußgebet (Meßbuch 1051)

Herr, unser Gott, festige uns durch dieses Sakrament in der Wahrheit und gib unseren verfolgten Brüdern und Schwestern die Kraft, in der Nachfolge Christi das Kreuz zu tragen und auch in der Drangsal sich freudig zum christlichen Glauben zu bekennen. Darum bitten wir durch Christus, unseren Herrn.

Praktischer Hinweis

1. Literatur

Barbara Dünnweiler, Grupo de Apoyo Mutuo (GAM), Mütter der Verschwundenen in Guatemala e.V., Mitteilungsblätter, Postfach 420 294, Köln 41.

Christenverfolgung in Südamerika, Zeugen der Hoffnung, hrsg. v. Martin Lange/ Reinhold Iblacker SJ, Herder Taschenbuch Bd. 770, Freiburg 1980.

Sie leben im Herzen des Volkes, Lateinamerikanisches Martyrologium, Patmos-Verlag, Düsseldorf 1984.

Die Frauen von der Plaza de Mayo, Lesebuch Menschenrechte, hrsg. v. Gisela Klemt-Kozinowski / H. Koch / L. Scherf / H. Wunderlich, Signal-Verlag, Baden-Baden 1984.

Johannes Meier, Selig, die hungern nach Gerechtigkeit, Aus dem Leben der Kirche in Mittelamerika, Würzburg 1981.

Bericht über Zentralamerika, CELAM-Dokumentation Febr. 1982, Adveniat Zeugnisse/Berichte/Kommentare, Heft Nr. 9.

Der Papst im Feuerofen, Auszüge aus den Ansprachen während seiner Reise durch Zentralamerika März 1983, Adveniat Dokumente/Projekte, Heft Nr. 23.

Christus ist unser Heil, Die Kirche in der gegenwärtigen Situation Mittelamerikas. Erklärung der mittelamerikanischen Bischöfe vom 15. Sept. 1984, Adveniat Zeugnisse/Berichte/Kommentare, Heft Nr. 11.

Guatemala-Post, Informationsschrift in unregelmäßiger Folge des Missionswerkes Ständiger Diakone, Rottenburg-Stuttgart, 7091 Unterschneidheim.

Länderheft Mittelamerika, MISEREOR-Aachen.

Julia Esquivél, Paradies und Babylon, Guatemaltekische Visionen und Gebete, Wuppertal 1985.

Zentralamerika in der Krise, hrsg. v. Jürgen Aretz / Rüdiger May, Olzog-Verlag, München 1985.

Erich Hackl (Hrsg.). Das Herz des Himmels, vom Leiden der Indios in Guatemala, 104 S.

2. Film

Rosen im Dezember, Leben und Sterben der 28jährigen Missionshelferin in El Salvador, 55 Min., 1983, Brot für die Welt.
Los Indios, Situation der Indios in Guatemala, 30 Min., 1974.
Laß uns reifen wie den Mais auf dem Felde, 14 Min., 1977.

3. Tonbild

Wir können nicht schweigen, 50 Dias, Farbe. Kirche in Guatemala, ADVENIAT

4. Lichtbild

Kirche unter Indios in Guatemala, 8 Dias s/w mit Begleittext, Adveniat, Bestell-Nr. DS 6.

5. Folienprogramm

F 3/1, Jesus am Kreuz
F 15/2, Jesus der Schmerzensmann

Anhang: Zum praktischen Hinweis

I. Allgemeine Literatur- und Materialangaben

1. Bücher für den Gottesdienst

Die Feier der heiligen Messe. **Meßbuch** für die Bistümer des deutschen Sprachgebietes. Authentische Ausgabe für den liturgischen Gebrauch – Kleinausgabe. Trier-Salzburg-Zürich 1976.

Der große **Sonntagsschott**/Der große **Wochentagsschott,** Teil 1 und 2, Originaltexte der deutschsprachigen Altarausgabe des Meßbuchs und des Lektionars. Mit Einführungen herausgegeben von den Benediktinern der Erzabtei Beuron. Verlag Herder 1975.

Gotteslob, Katholisches Gebet- und Gesangbuch. Hrsg. von den Bischöfen Deutschlands und Österreichs und der Bistümer Bozen-Brixen und Lüttich. (Stammausgabe:) Kath. Bibelanstalt GmbH. Stuttgart 1975. (Eigenteile der Diözesen 1975.)

Einheitsübersetzung der **Heiligen Schrift.**
Altes Testament, Kath. Bibelanstalt, Stuttgart 1979.
Neues Testament, Kath. Bibelanstalt, Stuttgart 1979.

Nordhues, P., Wagner, A., Steffens, H., Stichwortregister zum Gotteslob, Bonifatius-Verlag, Paderborn, ^{2}1984.

Rahner, K., Vorgrimler, H., Kleines Konzilskompendium. Sämtl. Texte des Zweiten Vatikanums. Verlag Herder, Freiburg 1966 (= Herder TA 270).

Gemeinsame **Synode** der Bistümer in der Bundesrepublik Deutschland. Offizielle Gesamtausgabe I und II. Verlag Herder, Freiburg 1976 (I) und 1977 (II).

Weiß, B., Themenschlüssel zum Meßbuch. Eine pastoralliturgische Arbeitshilfe. Verlag Herder, Freiburg 1976.

Moll, X., Der große Themenschlüssel zum Gotteslob. Verlag Herder, Freiburg 1978.

Film, Bild, Ton 1984/85, Audiovisuelle Arbeitsmittel. Filme, Tonbilder,

Lichtbilder, Tonbänder für Religionsunterricht, Seelsorge, Jugendarbeit und Erwachsenenbildung. Diözesanfilmstelle Köln e.V., AV-Medienzentrale, Kardinal-Frings-Straße 1-3, 5000 Köln 1.

2. Sammelwerke über Heilige und Märtyrer (besonders aus Lateinamerika)

Emil L. Stehle (Hrsg.), Zeugen des Glaubens in Lateinamerika, Matthias-Grünewald-Verlag, Mainz 1980.

Emil L. Stehle (Hrsg.), Sie verteidigten die Menschenwürde, Topos-Taschenbücher, Bd. 123.

Peter Manns (Hrsg.), Die Heiligen in ihrer Zeit, zwei Bände, Matthias-Grünewald-Verlag, 3. Auflage, Mainz 1967.

Otto Wimmer/Hartmann Melzer, Lexikon der Namen und Heiligen, Tyrolia-Verlag, Innsbruck-Wien-München 1982.

Martin Lange/Reinhold Iblacker SJ, Christenverfolgung in Südamerika, Herder-Taschenbuch Bd. 770.

Instituto Histórico Centroamericano (Hrsg.), SIe leben im Herzen des Volkes, lateinamerikanisches Martyrologium, Patmos-Verlag, Düsseldorf 1984

(In spanisch), Guillermo Maria Havers, Vivieron el Evangelio, Obra Nacional de la buena prensa, A.C., Mexiko 1, D.F., 1981

(In portugiesisch), José Martins/Teolide M. Trevisan/Carolee Chanona, Martîrio, Memória perigosa na América Latina; Edições Paulinas, São Paulo 1984 (ergänzt mit 80 Bildkarten [Porträts] DIN A5).

II. Adressenmaterial

1. Häufig wiederkehrende Adressen

Bischöfl. Aktion ADVENIAT
Bermestr. 5, Postfach 100 152
4300 Essen 1, Tel. 02 01 / 22 04 - 3 78
Das Materialverzeichnis zu Vorbilder 4 wird ständig ergänzt und kann dort kostenlos bestellt werden

Bischöfl. Hilfswerk MISEREOR
Mozartstr. 9
5100 Aachen, Tel. 02 41 / 44 21

MISSIO
Internationales Katholisches Missionswerk
Hermannstr. 14
5100 Aachen, Tel. 02 41 / 4 76 41

MISSIO – aktuell Verlag
Postfach 11 70
5100 Aachen, Tel. 02 41 / 3 05 56

MISSIO (Ludwig Missionsverein)
Peltenhoferstr. 26-28
8000 München 2, Tel. 0 89 / 5 16 20

Päpstliches Missionswerk der Kinder PMK
Stephanstraße 35
5100 Aachen, Tel. 02 41 / 2 10 67

Sekretariat der Deutschen Bischofskonferenz
Kaiserstraße 163
5300 Bonn 1, Tel. 02 28 / 1 03 - 1

Brot für die Welt
Stafflenbergstr. 76
7000 Stuttgart 1, Tel. 07 11 / 2 15 91

Die Diözesanstellen für Mission, Entwicklung und Frieden sind über die Ordinariate zu erreichen.

Zeitschrift Weltkirche
Dokumente aus Afrika, Asien und Lateinamerika (Gemeinsamer Dienst der Werke ADVENIAT, MISEREOR und MISSIO)
Peltenhoferstr. 26-28

2. AV-Medienadressen

Aachen: Referat für Medieneinsatz und Büchereiwesen
St.-Anna-Straße 18, 5100 Aachen
Tel. (02 41) 2 35 60

Augsburg: AV-Medienzentrale der Diözese Augsburg
Kappelberg 1, 8900 Augsburg
Tel. (08 21) 31 52-2 05

Bamberg:	AV-Medienzentrale der Erzdiözese Bamberg Heinrichsdamm 32, 8600 Bamberg Tel. (09 51) 2 36 02
Berlin:	AV-Zentrale des Bistums Berlin Steifensandstraße 8, 1000 Berlin 19 Tel. (0 30) 3 06-20 61
Eichstätt:	AV-Medienzentrale der Diözese Eichstätt Luitpoldstraße 2, 8078 Eichstätt Tel. (0 84 21) 10 31
Essen:	Katechetisches Institut der Diözese Essen Postf. 10 05 43, Porscheplatz 1, 4300 Essen 1 Tel. (02 01) 2 20 42 77
Freiburg:	Bild- und Filmstelle Okenstraße 15, 7800 Freiburg Tel. (07 61) 5 70 23
Hildesheim:	Diözesanbildstelle Hückedahl 12, 3200 Hildesheim Tel. (0 51 21) 3 22-88/89
Köln:	Diözesanfilmstelle Köln Kardinal-Frings-Str. 1-3, 5000 Köln 1 Tel. (02 21) 12 05 02 u. 16 31 - 2 27
Mainz:	Gemeinsamer AV-Dienst der Diözesen Fulda, Limburg, Mainz, Speyer, Trier Postf. 30 04, Deutschhausplatz, 6500 Mainz Tel. (0 61 31) 2 99 33 Bischöfliches Generalvikariat –Medienstelle – Paulustor 5, 6400 Fulda Tel. (06 61) 87-2 88 – Filmstelle der Diözese Speyer Webergasse 11, 6720 Speyer Tel. (0 62 32) 10 23 25 –AV-Medienzentrale Talgrafenstraße 2, 6730 Neustadt 1 Tel. (0 63 21) 8 46 72 – AV-Medienzentrale Zurmaienerstraße 114, 5500 Trier 1 Tel. (06 51) 7 26 85 – AV-Medienzentrale Rastpfuhl 12a, 6600 Saarbrücken Tel. (06 81) 7 44 77

München: AV-Medienzentrale
der Erzdiözese München-Freising
Nußbaumstraße 30, 8000 München 2
Tel. (0 89) 53 72 53

Münster: Bischöfliches Generalvikariat
Hauptabteilung Schule/Erziehung/Mediothek
Domplatz 8/9, 4400 Münster
Tel. (02 51) 49 55 74 oder 49 54 23

Osnabrück: Religionspädagogische Arbeitsstelle im Bischöfl.
Seelsorgeamt
Domhof 12, 4500 Osnabrück
Tel. (05 41) 31 81

Paderborn: Medienzentrum für das Erzbistum Paderborn
Rathausplatz 7, 4790 Paderborn
Tel. (0 52 51) 2 64 18

Passau: AV-Medienzentrale der Diözese Passau
Domplatz 3, 8390 Passau
Tel. (08 51) 39 33 12

Regensburg: AV-Medienzentrale der Diözese Regensburg
Obermünsterplatz 7, 8400 Regensburg
Tel. (09 41) 56 52 51

Rottenburg: film - bild - ton
Fachstelle für Medienarbeit
Sonnenbergstraße 15, 7000 Stuttgart 1
Tel. (07 11) 24 17 02 oder 24 73 08

Würzburg: AV-Medienzentrale
Kardinal-Döpfner-Platz 5, 8700 Würzburg
Tel. (09 31) 3 86-2 67

Institut für Film und Bild in Wissenschaft und Unterricht
Postfach 2 60
Bavaria-Film-Platz 3
8022 Grünwald
Katalog Religion
Anfragen auch an die Landes- und Kreisbildstellen

Katholisches Filmwerk GmbH
Ludwigstraße 33
Postfach 11 11 52
6000 Frankfurt 11
Telefon 0 69 / 75 20 88

IFAGE (Tellux)
Filmproduktion GmbH
Abt. Technik und Vertrieb
Unter den Eichen 7
6200 Wiesbaden

Medienhandbuch Dritte Welt
Filme und Tonbildreihen
Hrg. Gemeinschaftswerk Evangelischer Publizisten e. V.
Jugenddienst Verlag Wuppertal 1981

III. Bildnachweis

1. Juan Diego, Aus dem Sammelband: Posada
2. Rosa von Lima, Foto Prégardier
3. Toribio de Mogrovejo, Foto Arzobispado, Lima
4. José de Anchieta, Foto Jesuiten, Rom
5. Miguel Febres Cordero, Foto Schulbrüder, Illertissen
6. Pedro Claver, Foto ADVENIAT
7. Alberto Hurtado Cruchaga, Foto Jesuiten, Santiago
8. Felipe de Jesús, Foto Havers, Mexico
9. Oskar Arnulfo Romero, Foto KNA
10. Maria del Rosario de Cuevas, Foto EL GRAFICO, Guatemala